LE PROBLÈME DES SEXES

DU MÊME AUTEUR :

LA FEMME DEVANT LA SCIENCE COMTEMPORAINE, 1 vol. in-18 (Paris, Félix Alcan, 1896).

Traduction allemande par Dora Landé (DIE FRAU VOR DER WISSENSCHAFT (München et Leipzig, August Schupp, 1897).

En préparation :

LES GRANDES VILLES DU MONDE ET LE PROGRÈS ;
   Tome I. — *Rôle des villes dans les civilisations disparues et présentes.*
   Tome II. — *La transformation des villes :*

(Ces deux volumes paraîtront dans la collection des *Livres d'or de la Science,* SCHLEICHER frères, éditeurs, Paris).

L'ÉVOLUTION HUMAINE DANS L'AVENIR.

BIBLIOTHÈQUE SOCIOLOGIQUE INTERNATIONALE

Publiée sous la direction de M. René WORMS

Secrétaire Général de l'Institut International de Sociologie.

XXI

LE
PROBLÈME DES SEXES

PAR

Jacques LOURBET

MEMBRE DE LA SOCIÉTÉ DE SOCIOLOGIE DE PARIS

PARIS

V GIARD et E. BRIÈRE

LIBRAIRES-ÉDITEURS

16, Rue Soufflot, 16

1900

À LA MÉMOIRE

DE MON PÈRE, MA MÈRE, MON FRÈRE

ET

MA TANTE JEANNE

A PAULINE

MA FEMME BIEN-AIMÉE

ET

A SUZANNE

NOTRE FILLE CHÉRIE

Je dédie ce livre.

Créteil (Seine), 2 novembre 1899.

Jacques LOURBET.

INTRODUCTION

Elargissons l'humanité!

INTRODUCTION (1).

Le déséquilibre profond qui s'est produit peu à peu chez l'homme entre l'intelligence et l'instinct ; la raison et le sentiment ; la capacité d'analyse et la puissance de synthèse ; la multiplication des besoins et la possibilité de les satisfaire ; l'aiguisement des sens et l'orientation bienfaisante du vouloir ; le génie inventif et l'utilité véritable ;... en un mot, entre la frénésie d'activité et le bonheur, ce déséquilibre s'affirme de nos jours sous des formes menaçantes.

---

(1) Dans un petit essai intitulé : *La Femme devant la Science contemporaine* (1896), nous avons déjà abordé l'étude du « Problème des Sexes ».

Notre livre fut bien accueilli en France et à l'étranger. Les critiques bienveillantes et courtoises nous firent voir avec plus de netteté toute l'importance sociale de la question. Nous avons profité avec gratitude des observations justes ; nous répondons aujourd'hui à celles qui ne nous ont pas convaincu.

La présente étude renferme donc en partie celle de 1896, mais modifiée, corrigée et, en outre, des réflexions nouvelles plus approfondies, formant treize chapitres originaux.

Deux articles, écrits spécialement pour la REVUE DE MORALE SOCIALE : *La signification du matriarcat* (juin 1899) et *Rôle essentiel de la femme dans la cité prochaine* (septembre 1899), se trouvent fondus dans le *Problème des Sexes.*

La conscience humaine traverse une dangereuse phase. De nombreux problèmes se posent, inévitables : il les faudra résoudre ou périr. Et parmi ces problèmes, celui des sexes apparaît, incontestablement, comme l'un des plus impérieux et des plus graves.

Sans doute, il se posa dès l'antiquité, ainsi qu'en témoignent d'innombrables écrits ; mais on peut dire que ce sujet n'exalta guère que le sentiment et fit surtout éclater, en gerbes, parfois étincelantes, l'esprit-fusée de la moitié du genre humain. Jamais la philosophie ne l'envisagea avec le sérieux qu'il comporte. Partout et toujours, en réalité, l'homme ne vit dans la femme que la forme admirable mais servile de l'amour. Et l'amour concret retint, le plus souvent, sous son nébuleux et irrésistible empire, la pensée pure, avide de lumière et de suprême liberté. Cependant l'intelligence s'est déjà élevée à une telle abstraction ; par les créations superbes de l'art et de la science dont rapidement se trouve changé l'aspect du monde, elle se montre, en certains cas, si indépendante des instincts et des passions qu'il est peut être possible d'examiner enfin le problème des sexes à la clarté de la raison impartiale et sereine.

Peut-être l'homme est-il déjà parvenu à ce degré de *probité* et de *liberté* intellectuelles où il n'est plus téméraire de chercher la solution de n'importe quel problème en éliminant de la pensée ce qui — jaillissant des instincts, des passions, des plaisirs plus ou moins immédiats et provisoires, mais toujours égoïstes — troublerait la raison, ferait broncher la logique ; peut-être est-il déjà donné à l'homme d'envisager la question des sexes en se dégageant de toute préoccupation éphémère et personnelle, de toute morale officielle, de tout dogme arbitraire, de toutes conventions sociales, de toute législation ; en un mot de cet ensemble confus d'institution, produit des essais divergents de l'aveugle activité humaine, et dont l'influence puissante tend à vicier le jugement, à le vicier de toute la force despotique des séculaires suggestions accumulées.

C'est parce que nous croyons fermement à la possibilité de cette abstraction, de ce suprême désintéressement de la pensée que nous entreprenons cette étude en posant le problème sur le terrain scientifique, c'est-à-dire sur le terrain d'où sont bannies les polémiques aigres et violentes.

Ce qui frappe, à l'abord, quand on lit les ouvrages anciens, modernes ou même tout récents, c'est que certains préjugés s'enracinent d'autant plus dans les esprits que la science progresse et se diffuse.

Ce phénomène peut paraître étrange. Cependant si l'on remarque avec Herbert Spencer « que les premières opinions sont rarement des idées vraies » ; « que l'intelligence à l'état brut, soit dans l'individu, soit dans la race, se forme des opinions qui ont besoin d'être révisées et révisées encore » (1) — ceci est confirmé par l'histoire de chaque science — ; si l'on observe que *la force brutale et les relations obligées* des sexes contribuent d'une manière constante à perpétuer les idées fausses qui naissent, même aujourd'hui, de la suprématie physique ; si l'on considère que, pour la majorité

(1) H. SPENCER. *Principes de biologie*, t. I, p. 404.

des hommes, le simple fait matériel est plus significatif que toutes les vérités intangibles résultant d'un ensemble très complexe de rapports, vérités qui, pour être perçues, nécessitent un effort de raisonnement et une grande habitude de l'analyse et de la synthèse ; si, enfin, l'on tient compte de ce que la biologie est née d'hier, la sociologie se soupçonne à peine et les revues de vulgarisation, en confondant souvent expérimenter et déduire, favorisent les conclusions superficielles et erronées, on conçoit que les préjugés de naguère continuent à voiler le jugement à la fin de notre siècle scientifique.

Et depuis les temps les plus reculés jusqu'à nos jours, les opinions très diverses — favorables ou défavorables — formulées sur la femme par les auteurs même les plus célèbres, empruntèrent toutes une invincible partialité au sentiment, à la passion, à des motifs provisoires, accidentels, à des considérations métaphysiques ; ces opinions furent surtout entachées d'une radicale erreur par la projection illégitime dans l'infinité des générations successives d'un idéal humain immobile et fatalement immodifiable.

La religion, la philosophie, l'état social, le prestige de la *force,* une biologie à peine balbutiante, une psychologie trop subjective et, par-dessus tout, la *nature* même du problème plaçaient nécessairement le prisme de la prévention devant la raison masculine encore trop subordonnée aux suggestions obscures d'un impérieux instinct.

Depuis Darwin, surtout, on répète à l'envi que l'évolution de la femme est terminée.

Voulez-vous voir comme chacun est dominé, hypnotisé par un mot de l'immortel naturaliste ?

Demandez à un homme très instruit ce qu'il pense de la « question de la femme » qui, maintenant, se pose avec obstination dans tout l'univers. Il y a fort à parier qu'il tranchera cette question d'un seul mot, négligemment, si l'urbanité l'empêche de répondre par une pirouette ou par un sourire aiguisé d'ironie décisive et de profonde commisération.

Et notez que cet homme est très sérieux, très éclairé et très habile en l'art de raisonner. La rigueur de la méthode expérimentale lui est familière ; il a subi l'heureuse influence de la critique philosophique moderne et, s'agit-il d'un problème tout autre où les éléments sont peu nombreux, les constatations faciles et les démonstrations précises, il montrerait une prudence extrême avant de répondre d'une manière catégorique.

Mais à votre interrogation qui renferme tant de difficultés, il répondra sans hésiter, avec l'assurance un peu confuse de quiconque se voit obligé de répéter sérieusement une vérité de Lapalisse : la femme est plus petite et plus faible que l'homme, la simple observation et la physiologie le prouvent ; les grands travaux de tous les temps, les grandes guerres, les plus hautes conceptions en art, en science, en philosophie, appartiennent presque exclusivement à l'homme ; donc la femme est inférieure physiquement et par l'intelligence. C'est une fatalité de la nature : il n'y a rien à faire contre. L'histoire de toutes les civilisations qui consacre à jamais la suprématie physique et mentale de l'homme, son incomparable génie inventif, sa source inépuisable de variabilité, c'est-à-dire de progrès, l'histoire du monde n'a-t-elle pas résolu depuis long-temps le problème des sexes ? A toute époque, il est vrai, les femmes eurent le désir de devenir originales, de s'affranchir du rôle passif et conservateur que la fatalité des formes leur impose. Mais ce désir qui jamais ne se réalis est assurément chimérique. Dans leur sommeil les enfants rêvent qu'il leur pousse des ailes et que bientôt ils voleront comme des oiseaux. Mais au réveil ils s'aperçoivent qu'ils n'ont pas d'ailes. Les velléités des femmes sont aussi des rêves irréalisables et même morbides. Ils sont à la pensée vigoureuse et saine ce que les monstres sont aux individus normaux. Au fond, il n'y a pas, il ne peut pas y avoir de question de la femme.

Et si quelqu'un présente au public cette opinion délayée en un beau livre, il se flattera d'avoir fait acte d'impitoyable logique et ainsi de clouer au pilori du ridi-cule quiconque tenterait après lui d'examiner encore cette question imaginaire.

Au vrai, pourtant, osons-le dire haut et ferme, c'est là une observation de sens commun tout aussi superfi-ficielle, guère moins primitive que celle-ci : le matin, le soleil se lève à l'orient; le soir, il disparaît à l'occi-dent..., donc il tourne autour de la terre !

Il ne suffit pas, en effet, de constater que, dans le cours des siècles, la femme a créé des choses moins importantes que celles dont l'homme s'enorgueillit; il faut rechercher si, à l'origine des sociétés, la femme se trouvait dans des conditions identiques ou du moins équivalentes à celles qui favorisaient son compagnon. Il faut se demander encore :

Quel rôle a joué la force brutale dans les rapports entre les êtres, et principalement, entre les sexes ?

Pour les individus *d'une même espèce*, pendant les premiers stades de l'évolution, la suprématie musculaire favorisa-t-elle le progrès de l'intelligence ?

Quelle est la signification du matriarcat ?

Le génie est-il un fruit de l'évolution ?

Que faut-il penser de la transformation des forces ? La puissance mentale sera-t-elle corrélative de la puissance physique dans la cité future ?

Comment peut-on apprécier la capacité intellectuelle ?

L'influence du milieu social et tellurique est-elle la même pour la femme que pour l'homme ?

La femme actuelle est-elle le produit d'une réaction directe et sincère au monde extérieur ?

Dans la négative, une évolution différente pour elle est-elle possible, se prépare-t-elle et pourra-t-elle modifier le sexe féminin ?

Y a-t-il antagonisme entre la puissance mentale et la puissance sexuelle ?

La menstruation et la fonction maternelle ferment-elles nécessairement à la femme la haute activité intellectuelle ?

Le rôle de la mère peut-il s'agrandir, se perfectionner, s'élever jusqu'à l'abstraction et s'étendre ainsi sur la société entière ?

L'évolution de l'espèce humaine est-elle parvenue à son terme ? Dans la négative, les progrès respectifs des deux sexes sont-ils uniformes, c'est-à-dire leur différence de valeur individuelle et sociale reste-t-elle constante ?

Au cas où l'émancipation de la femme serait possible, cette émancipation serait-elle un péril pour la grâce, le goût, la finesse, l'élégance et la beauté ?

Au point de vue général, cette émancipation amènerait-elle un regrès de la civilisation, soit un retour vers les formes inférieures de l'abstraction, et, surtout, au point de vue politique, un nouveau régime théocratique ?

Comment concilier la liberté de la femme avec la famille ?

L'union peut-elle être durable entre l'homme et la femme qui seraient égaux devant la loi ?

Que deviendra l'éducation ? Comment pourront se résoudre les conflits entre époux ?

Ne faudra-t-il pas toujours conserver l'autorité maritale ?

Si la liberté de la femme devient intégrale (civile, physique, psychologique et économique) quelle en sera la conséquence pour la race et pour le bonheur du couple humain et de l'enfant ?

Voilà quelques-unes des questions que nous nous proposons d'examiner dans ce livre avec une entière bonne foi et toute la rigueur impartiale dont nous sommes capable.

CHAPITRE I

La Force et les Rapports entre les Sexes.

Pendant les premiers stades de l'évolution, l'intelligence s'est développée en raison directe de la suprématie physique.

Le Matriarcat.

CHAPITRE I

Pendant les premiers stades de l'évolution, l'intelligence s'est développée en raison directe de la suprématie physique.

Le Matriarcat.

Si nous recherchons d'abord quel rôle joue la force brutale dans les relations générales entre les êtres, nous observerons que, durant les premières périodes de l'évolution, la suprématie physique détermine la qualité même de ces rapports et en trace les lois. Et cela résulte fatalement de ce que *la vie est égoïste par nature et par nécessité.*

Cette vérité éclate dans l'esprit par la simple introspection, mais nous allons essayer de la rendre plus évidente par une démonstration aussi objective que possible.

Pour cela, il nous faut non seulement remonter aux époques préhistoriques, mais encore descendre jusqu'aux phénomènes qui précèdent l'apparition des sexes.

Jusqu'en ces derniers temps, les ethnographes n'ayant point une méthode rationnelle, s'abandonnaient à leur imaginative pour essayer de reconstituer la préhistoire. Ils donnaient des fictions pour des réalités, des désirs agréables pour des faits. Et ainsi s'édifièrent des théories séduisantes dont nombre d'excellents esprits, au demeurant très informés, obscurcissent leur sens critique. On ne cherche plus à reconstruire de la sorte l'humanité primitive, car il est devenu certain que la logique abstraite seule ne saurait conduire à la vérité phénoménale. La méthode comparative a été substituée à la fantaisie.

Toutefois, malgré les progrès de cette méthode, vers une large synthèse, les sociologistes ont une tendance trop marquée à se passer du précieux secours de la biologie, qui apporte des faits primordiaux et permanents bien précis.

Aussi, croyons-nous indispensable de demander tout d'abord quelques éclaircissements aux faits établis par les biologistes.

I

Chez les êtres agames, c'est-à-dire se reproduisant par segmentation, les rapports essentiels entre les individus sont déterminés par l'espace, les tailles respectives, la motilité, le degré de vitalité et de force physique, la quantité et la variété des subsistances.

L'être agame trouvant en soi le principe de toute son expansion propre et de sa multiplication, représente l'égoïsme sous sa forme irréductible.

Dès que, par la division du travail, la fonction reproductrice se partage et se spécifie en deux individus physiologiquement différents, il semble que l'égoïsme primordial doive s'affaiblir ; mais il est exalté d'autre façon par l'attrait d'un besoin nouveau et progressivement plus varié, plus complexe, plus riche. De là l'instinct nécessaire qui tend à l'union des sexes. Or, à mesure du perfectionnement des êtres, tandis que les éléments de la génération conservent leur extrême petitesse, leur merveilleux dynamisme condensé, la partie somatique de l'individu acquiert un développement très considérable. Et cette partie, chargée d'assurer le développement de l'individu en le constituant, se trouve soumise surtout aux forces brutes, presque éludables grâce à un espace et à des subsistances suffisantes.

Mais la nouvelle force — nouvelle par son aspect — attirant deux êtres de sexe différent, rend leur vie solidaire. Et ainsi l'individualisme, renforcé par la spécification, se trouve corrélativement réduit par l'amour.

Cependant la vie égoïste croît en intensité et en durée : aussi les cellules somatiques forment-elles un agrégat infiniment plus considérable que les cellules germinatives.

Mais d'où vient que dans la plupart des espèces, le mâle soit plus fort et plus agile que la femelle ? La suprématie masculine dans l'activité est-elle native ? Résidait-elle déjà dans le spermatozoïde ou est-elle provenue peu à peu, au cours de l'évolution, de la différence des fonctions entraînant chez la femelle une concentration spéciale et plus grande des énergies individuelles pour la perpétuation de la race ?

Il n'est guère possible de répondre d'une manière satisfaisante.

Les savants ont montré que le spermatozoïde est plus mobile et plus chercheur que l'ovule. On a dit que celui-là va à la recherche de celui-ci qui attend, immobile. Cela n'est pas tout à fait exact. L'ovule n'est pas absolument passif. Lorsque les spermatozoïdes s'approchent pour faire leur cour, l'ovule a des mouvements amiboïdes qui l'allongent vers un de ses prétendants : c'est alors, sans doute, que la sélection s'opère. Et si, avec M. Roux, nous assimilons l'attraction sexuelle, au cytotropisme (1) des cellules somatiques ; si, grâce aux beaux travaux de M. Maupas sur le *Rajeunissement Karyogamique des ciliés*, nous assistons en quelque sorte au prélude de la reproduction sexuelle nous sommes portés à admettre une parfaite équivalence primitive entre les deux éléments. (Voir Le Dantec. *Compte-rendus de l'Académie des sciences* juin 1899). Ainsi lorsque deux infusoires fatigués se rajeunissent par l'échange du petit noyau *(micro-nucleus)*, le microscope ne révèle aucune différence entre ces deux particules.

De plus, l'un des « gamètes », ne charge pas l'autre de la multiplication de l'espèce. Après la conjugaison, chaque infusoire continue, de son côté, à se bipartir. C'est le bel équilibre originel. Mais comment, par la suite, cette réciprocité se trouve-t-elle détruite pour imposer presque tout le poids de la procréation à l'un des conjugués ? La science n'a pas encore élucidé ce point.

Quoi qu'il en soit, dès que se manifeste la division du

(1) Voir Yve DELAGE, *Les Théories de l'Hérédité et les grands problèmes de biologie générale ; et l'Année biologique.*

travail pour la multiplication de l'espèce, la lutte entre les *très nombreux* spermatozoïdes autour de l'ovule, provoque, d'une manière fatalement mécanique (J.-B. Haycraft), le caractère passif que la femelle subit et perpétue à travers les âges jusque dans l'espèce humaine.

C'est là un fait très important.

Si nous observons, en outre, que l'attraction des sexes est peu dépendante d'une foule de causes extérieures agissant sur la vie de relation, il faut reconnaître que le mâle et la femelle, dans leurs rapports divers, durant les premiers stades de l'évolution, se trouvèrent soumis au despotisme aveugle de la force, avec cette circonstance capitale par son universalité : le mâle, énergique et actif, physiquement supérieur, maîtrisait la femelle, d'une façon d'autant plus impérieuse et plus despotique que le désir s'exacerbe par la lutte et que, d'ailleurs, il porte en soi sa propre détermination.

Donc, jusqu'aux époques civilisées, le principe de la suprématie individuelle résida dans la *force musculaire*, et l'affirmation constante de cette force fut une condition très favorable au libre développement de l'intelligence.

L'homme, sentant son indépendance s'identifier avec sa supériorité corporelle, devenait plus actif, avait plus d'initiative, acquérait plus d'expérience que la femme condamnée, elle, par sa faiblesse physique et la qualité de son sexe, à l'imitation servile.

Sous la pression des circonstances il devait délibérer, se décider, inventer, organiser, créer : son esprit s'aiguisait, s'assouplissait, se compliquait, se perfectionnait, se mettait vite en rapport harmonique avec ce qui l'entourait.

La femme, au contraire, s'habituait à ne point voir ses désirs réalisés *directement*; elle se repliait sur elle-même ; elle avait surtout des émotions affectives nées de sa fonction de mère : son cœur s'enrichissait mieux que son esprit, car elle ne pouvait avoir du monde extérieur une impression immédiate et sincère.

Ses tendances naturelles comprimées prenaient une direction imposée, non par le jeu des forces équilibrées du milieu ambiant, mais par une force despotique : l'homme !

La volonté féminine n'était pas la résultante de tout le milieu possible : elle s'adaptait moins à la nature qu'à la volonté masculine ; c'est-à-dire, elle subissait une adaptation arbitraire préconçue par l'homme.

Il ne sera peut-être pas inutile de faire remarquer ici que cette volonté despotique du mâle, il n'y a pas lieu de l'incriminer, comme sont enclins à le faire certains auteurs férus de « lutte pour la vie » et qui veulent voir dans la femme prochaine l'*adversaire* de l'homme.

L'homme n'était pas libre de faire autrement !

Or, comme l'intelligence est la correspondance entre les conditions internes et les conditions externes, il est clair que l'intelligence de la femme ne fut que l'accommodation de ses conditions internes à un petit nombre de conditions externes, non à la totalité : d'où, nécessairement, dès le principe, évolution faussée, incomplète de la femme, dysharmonie avec le milieu, développement factice et lent de ses facultés mentales.

On voit d'ailleurs qu'aux bas degrés de l'échelle zoologique le perfectionnement de l'intelligence dépend des forces extérieures et de la vigueur respective des individus : cela est vrai aussi pour les premières étapes de l'espèce humaine.

En effet, comment l'intelligence se manifeste-t-elle entre les êtres ? L'intelligence d'un individu, quelle qu'elle soit en puissance, ne peut être connue d'un autre individu que par des signes, des actes, des réalisations sensibles. Et dans les sociétés primitives, le jeu de l'activité était subordonné à la force physique. La plus grande force musculaire correspondait à la plus grande possibilité d'*agir*, soit d'*inventer* au moyen des essais, des tâtonnements successifs et infinis. Et à mesure que les individus agissaient, croissaient les possibles et progressait l'humanité.

C'est pourquoi nous posons que, pour les individus *d'une même espèce* et pendant les degrés inférieurs de l'évolution, l'intelligence s'est perfectionnée en raison directe de la suprématie physique.

Mais on a refusé d'admettre une telle loi pour l'humanité. Un *fait* important la détruit, dit-on : c'est le matriarcat. La femme, quoique physiquement inférieure à l'homme, aurait exercé la suprématie intellectuelle dès l'aube préhistorique de la société (1).

L'objection est importante : il faut l'examiner avec soin.

(1) Emile Faguet. *La femme devant la Science.* (*Journal des Débats*, 12 décembre 1895).

II

Depuis les travaux de Bachofen, Mac-Lenann, Giraud-Teulon, etc., il était généralement admis que l'humanité commença par la promiscuité. Et la descendance ne pouvant se connaître que par les femmes, ce fait aurait amené la suprématie féminine, soit le matriarcat qui subsiste encore dans certaines peuplades.

Mais de récentes investigations ont ruiné ces théories purement logiques, et il paraît aujourd'hui résulter des *faits* recueillis que : 1° la puissance de la *mère* n'implique point la suprématie intellectuelle de la *femme* ; 2° la promiscuité n'a jamais été un état ordinaire de la société humaine ; 3° partout le matriarcat fut postérieur au patriarcat.

C'est surtout M. Westermarck, dans son ouvrage si riche de documents sur *l'Origine du mariage dans l'espèce humaine*, qui éclaire le mieux le sujet. Après avoir étudié le problème avec une sagacité rare, M. Westermarck arrive à des conclusions opposées au matriarcat primitif.

Le mot *matriarcat* est d'ailleurs mal choisi. L'autorité de la mère et la valeur intellectuelle et sociale de la femme sont deux choses très différentes.

Par ses enfants, la mère peut acquérir une très grande autorité tandis que, comme épouse, elle reste soumise à son mari et n'a aucun droit. Il en était ainsi sous les empereurs romains et cela s'observe encore ailleurs. Chez les Laût, par exemple, qui habitent la presqu'île de Malacca, on trouve le matriarcat ; les enfants appartiennent à la mère seule. Néanmoins la femme mène une existence malheureuse : elle est maltraitée et il ne lui est pas permis de manger en présence de son mari ni d'un autre homme (1).

Et en réalité, nulle part, même dans l'antique Egypte (2), on ne trouve la femme libre, quelle que soit sa puissance maternelle.

Morgan établit son hypothèse du matriarcat primitif en invoquant la signification des termes de parenté. MM. Starcke (3) et Westermarck ont rendu visible l'erreur fondamentale du *système classificateur*. Non seulement la nomenclature n'exprime pas le degré véritable de consanguinité mais, en outre, ce degré ne peut se rapporter à la descendance primitive. M. Westermarck l'a démontré avec un grand luxe de documents.

De son côté, M. Starcke conclut : « Le système de Morgan n'est pas scientifique ; c'est une rêverie, un songe fébrile ; il repose sur une analyse si lâche, sur une psychologie si peu exacte qu'il ne peut qu'induire en erreur, à moins qu'on ne préfère l'ignorer totalement ».

(1) *Notes sur la vie des femmes chez les Orang-Belandas, les Orang-Djakouns et les Orang-Laût.* Analyse du Dr LALOY dans l'*Anthropologie.* (t. VIII, p. 110, Année 1897).
(2) Voir G. PATURET. *La condition juridique de la femme dans l'Antique Egypte.*
(3) STARCKE. *La Famille primitive.*

Il nous est impossible de donner ici un aperçu convenable de l'argumentation si solide de MM. Westermarck et Starcke, car elle est intimement liée à l'accumulation des faits recueillis. Il faut lire ces ouvrages. On se convaincra alors que ces deux sociologues, en se plaçant à des points de vue différents, ruinent les hypothèses fantaisistes sur la promiscuité primitive.

Quant au matriarcat, d'après M. Starcke, il doit être postérieur au patriarcat. Et cette supposition devient, dit-il, très vraisemblable, lorsque nous voyons le matriarcat faire sa première apparition en Australie, en même temps que les *Kobongs*. Chez les Kurnaï, la seule race — assurément l'une des plus inférieures — qui ne soit pas divisée par *Kobongs*, le matriarcat n'existe pas.

On sait que le Kobong (*totem*, en Amérique) est une plante ou un animal que le sauvage considère comme un génie protecteur dont il adopte le nom et porte souvent le dessin sur une partie cachée de son corps. Tous les individus qui ont un même Kobong sont parents au même degré et cette parenté ne correspond pas nécessairement à celle du sang. Nous ne connaissons ni l'origine ni le sens religieux de telles croyances. Toutefois, remarque M. Starcke, comme nous trouvons presque partout, en Australie, la trace de l'usage consistant à donner à chaque district, le nom d'un animal, d'une plante, etc. et que, du moins dans le sud, la terre héritée porte un tel nom, s'appliquant au nouveau possesseur, on est tenté d'expliquer ainsi l'origine de ces agents protecteurs. Quoi qu'il en soit, la force mystérieuse unissant étroitement les individus d'un même

Kobong, mais appartenant à des clans différents, brise souvent les cadres de la tribu.

Or, chez les Kurnaï et chez les moins avancées des civilisations Australiennes on trouve la filiation masculine.

En outre, le passage du patriarcat au matriarcat s'explique facilement si l'on considère que : 1° l'enfant par sa naissance, appartient au clan et non à la famille ; 2° les membres d'un même clan ne peuvent se marier ensemble ; 3° le Kobong a une influence prépondérante sur les groupements nouveaux ; 4° le père et la mère étant de clans différents, l'enfant prendra le nom du Kobong le plus prestigieux, soit, parfois, le nom de celui qui préside au clan de la mère.

On ne voit donc pas, d'après la multitude des observations citées par ces deux auteurs, que le matriarcat implique le moins du monde la suprématie intellectuelle de la femme. Les faits relatifs aux premiers âges de l'humanité s'offrent d'ailleurs à nous d'une manière si incomplète et, par suite, sous un aspect si ésotérique que nos présentes habitudes mentales risquent fort de nous conduire loin de la vérité.

Ainsi nous avons observé nous-même, en Béarn, une curieuse coutume — l'analogue existe au Japon — qu'on pourrait peut-être rapprocher des totems par un certain côté. Un sociologue, ignorant notre état de civilisation, induirait sans doute d'une telle coutume des choses extravagantes. Dans certaines parties du Béarn, l'aîné de la famille ne quitte jamais la maison en se mariant : c'est « l'héritier » ou « l'héritière ». Ces deux noms sont toujours prononcés avec une nuance de respect.

L'héritière reçoit chez elle l'homme qu'elle épouse et désormais, dans le village, on n'appellera plus le mari que du nom de sa femme ou, plutôt, de la nouvelle *maison* qu'il habite. Les enfants porteront aussi le nom de la mère.

Qu'est-ce-à dire ? L'homme dans ce cas, devient-il le vassal de la femme, soit en fait, soit simplement dans l'esprit de la population ? Nullement. Le mari exerce à tous égards la maîtrise.

En réalité, le nom s'attache moins à la famille qu'au sol et à la construction. Ainsi, lorsque deux cadets se marient ensemble, ils prennent le nom de la maison qu'ils achètent.

Le premier nom donné à une maison est si bien associé à sa forme, à son aspect particulier, en égard à la position géographique, topographique, etc., qu'il en résulte une seule image composée, agglutinative, pour ainsi dire et indissoluble, prépondérante, dans la mémoire éminemment conservatrice des populations. Aussi voit-on des immeubles garder indéfiniment leur premier nom malgré la diversité des propriétaires successifs. Pour qu'un nouveau venu impose son nom, il faut qu'il frappe les esprits par quelque action remarquable. Comme on le voit, le privilège de « l'héritière » n'implique point une suprématie réelle de la femme ; il paraît signifier simplement le résidu historique des habitudes de langage, nées d'une certaine paresse mentale, du faible développement de différenciation et, aussi, de la suggestion permanente qui se dégage de la *fixité* et de la pérennité du sol et des constructions (1).

Ces vestiges de coutumes préhistoriques seraient à rapprocher, en outre, des coutumes observées dans les tribus indiennes de l'Amérique du nord (2).

A tous ces arguments contre le matriarcat primitif, il convient d'ajouter l'argument que M. Posada tire de la linguistique (3).

On sait que les recherches modernes ont définitivement détruit la croyance à la richesse des langues des premiers hommes. On admet aujourd'hui que le langage débuta par des cris et des sons vagues pour aboutir à la grande précision, à l'extrême complexité actuelles. Et les mots sont les signes des sensations, des émotions et des idées. Or, on observe que chez tous les peuples aryens, les termes « père » et « mère » ont un même radical *pa* et *ma* ; racine extrêmement ancienne dans le sanscrit. Si l'on examine les nombreuses langues ne dérivant pas du sanscrit — 81 de peuples africains, 29 d'européens et asiatiques non aryens, 12 d'océaniens, 2 d'esquimaux et 16 d'américains — on voit que les mots « père et mère » ont des équivalents très faciles à prononcer.

Selon Bushmann, *pa* et *ta* et leurs formes similaires *ap* et *at* prédominent partout pour désigner la mère.

(1) Cela pourrait aussi être rattaché à l'évolution du sentiment religieux. (Voir *La Psychologie des sentiments*, par Th. RIBOT.)

(2) Voir STARCKE. *La Famille primitive.*

(3) A. POSADA. *Théories modernes sur les origines de la famille, de la Société et de l'Etat.* (traduction René WORMS).

La parole la plus douce correspondrait au sentiment causé par la mère (1).

Pour de Brosses (2), parmi les articulations « le choix de celle qu'on veut faire servir à la fabrique d'un mot, c'est-à-dire au nom d'un objet réel, est physiquement déterminé par la nature et par la qualité de l'objet même : tellement que l'homme qui sera dans le cas d'imposer le premier nom à une chose rude, emploiera une inflexion rude et non pas une inflexion douce. » (3).

Il semble donc que ces noms simples — dont la plupart des langues conservent les formes très voisines — aient dû être usités dès l'origine de la famille humaine. Et le mot désignant le père étant plus facile à prononcer que celui désignant la mère (4), ce nom-là et le sentiment qu'il représente doivent être aussi ou plus anciens que ce nom-ci.

Certains peuples, il est vrai — 38 selon Lubbock — n'ont pas de nom pour désigner le père ; mais, par contre, il y en a 21 auxquels le mot mère fait défaut.

En résumé, dans l'état présent de nos connaissances, les conclusions suivantes s'imposent : 1º Il n'y a pas

(1) Voir PLATON. *Cratyle ou de la propriété des noms.*

(2) *Traité de la formation mécanique des langues.*

(3) Cité par M. LEFEBURE dans *La Vertu et la vie du nom en Egypte.* (*Mélusine*, t. VIII, nº 10, année 1897).

(4) Selon TAINE. (*De l'Intelligence*, t. II, p. 362, 3ᵉ édit), et M. Bernard PÉREZ. (*Les trois premières années de l'enfant*, p. 292, 3ᵉ édit), l'enfant prononce *papa* bien avant *maman*. Il serait intéressant de vérifier par des observations nombreuses et rigoureuses ces affirmations. Pour cela il faudrait s'assurer que le mot *papa* n'est pas répété devant l'enfant plus souvent que le mot *maman*, ou inversement.

eu de promiscuité primitive ; 2° le matriarcat est postérieur au patriarcat ; 3° l'autorité exercée par la *mère* n'est point corrélative de la suprématie intellectuelle et sociale de la *femme*.

Il est donc certain qu'à l'aube des sociétés la femme fut sous l'influence despotique de circonstances contraires au perfectionnement de sa nature propre.

Et les siècles s'ajoutèrent aux siècles, accumulant les effets favorables à l'homme et les conditions défavorables pour la femme.

Parvenu à une certaine civilisation, l'homme se contemple dans son œuvre. Il a tout fait : la guerre, les lois, les chefs-d'œuvre de l'art, les livres qui renferment la « sagesse des nations » ; l'Idée qui mène le monde a jailli de son cerveau.

Et, se comparant à la femme, il se trouve supérieur.

Durant les époques lointaines où l'organisation sociale s'ébauchait, des lois grossières s'établissaient, où le droit dérivait de la force brutale et non de la justice, où la vie morale ne s'estompait pas encore ; sans doute la femme, par sa faiblesse physique, fut au-dessous de l'homme dans la *lutte pour la vie* ; mais il faut reconnaître que déjà aujourd'hui, grâce aux admirables applications de la science, le degré de force physique n'est plus corrélatif du degré de valeur individuelle.

Et, alors, le problème se pose de la manière suivante :

Si, par impossible, dès que les humains se groupèrent, ils avaient pu constituer du premier coup une société telle que la nôtre, c'est-à-dire si l'intelligence et non la vigueur musculaire eût été l'indice principal de la valeur personnelle de l'individu et de son utilité sociale, peut-on démontrer que la femme aurait conservé à tous les autres points de vue une infériorité analogue à l'infériorité physique ?

Nombre d'auteurs contemporains, et des plus remarquables, prétendent que la science permet de répondre affirmativement.

Il importe au plus haut point d'examiner cette opinion d'une manière très attentive, car si la faiblesse intellectuelle de la femme tient fatalement au sexe, si elle est *essentielle,* si cela devient une vérité incontestée à l'égal des lois de la physique et de la chimie, ceux qui rêvent pour la femme le magnifique épanouissement de son esprit, l'agrandissement de sa conscience philosophique, et, aussi, par son apport complexe de féminité, par le choc des sensations, sentiments et pensées respectifs des sexes, une vie plus large, plus variée, plus délicate, plus intense, plus harmonieuse, en un mot, meilleure et plus belle, ceux-là sont le jouet d'une imagination en délire : ils s'obstinent à vouloir étreindre une chimère.

CHAPITRE II

Le Progrès de la Pensée.

Force physique et valeur individuelle et sociale de l'être humain dans la cité moderne.

Puissance physique et puissance mentale dans la cité future : la transformation des forces.

CHAPITRE II

LE PROGRÈS DE LA PENSÉE

Force physique et valeur individuelle et sociale de l'être humain dans la cité moderne.
Puissance physique et puissance mentale dans la cité future : la transformation des forces.

Nous avons vu que, dans les sociétés primitives, la suprématie physique fut pour l'homme une condition très favorable au progrès de son esprit, mais nous constatons aussi qu'à mesure de l'organisation de plus en plus parfaite des groupements humains, la vigueur corporelle perd peu à peu de sa valeur souveraine au profit de l'énergie mentale.

Grâce aux savantes applications de la mécanique et à la captation des forces de la nature qui jadis se dépensaient inutiles ou dangereuses et maintenant se soumettent à notre volonté, rendant déjà insignifiantes les différences de puissance musculaire, il est facile de prévoir l'époque — relativement proche — où un être humain capable de soulever trente kilogrammes à bras tendu n'aura pas plus de valeur individuelle ou sociale que celui qui tiendra péniblement dix kilogrammes, les deux individus étant supposés également intelligents.

La grande vigueur du corps n'est pas une condition essentielle de la valeur de l'homme ; elle ne fut que conditions *temporaire, transitoire* et *tout extérieure* du développement de son intelligence.

Aussi lorsqu'on dit, avec Proudhon, que la « force physique n'est pas moins nécessaire au travail de la pensée qu'à celui des muscles » on fait une grossière confusion. Nul physiologiste n'a encore démontré que la force mentale soit proportionnelle à la force physique.

Les belles recherches de M. Féré (*sensation et mouvement*) ne sauraient justifier l'opinion de Proudhon, car nous entendons parler ici de l'intelligence au point de vue de sa puissance *créatrice* et non de sa puissance d'*assimiliation*, d'une part ; et, d'autre part, de la force physique considérée sous tous ses aspects.

Il ne suffit pas de constater que la lame use le fourreau, que la pensée fatigue la cellule nerveuse, il faudrait connaître le *capital vital, qui, en restaurant rapidement cette même cellule lui permet de supporter indéfiniment l'activité de l'esprit.* Et nous ignorons surtout le retentissement intime du prodigieux dynamisme des plastides génératrices sur la mentalité.

Les observations de Schiff, Caton, Pflüger, Hermann, Byasson, Du Bois-Raymond, Corso, Ch. Féré, Tanzi et Musso, etc., n'ont point fait la preuve définitive — quoi qu'en dise M. Jules Soury — que la pensée ait des équivalents mécaniques, thermiques, chimiques.

Il y eut naguère à ce sujet, dans la *Revue Scientifique*

une intéressante controverse qu'il convient de rappeler.

Un éminent chimiste, M. Armand Gautier (1), soutenait que les physiologistes n'ont point prouvé que la pensée soit une transformation de l'énergie comme le mouvement, la chaleur, l'électricité. Selon M. Jules Soury, les réponses faites à l'argumentation de M. Armand Gautier « sont à coup sûr victorieuses » (2). Et il cite comme décisive la réfutation de M. Charles Richet.

Or, M. Richet, dans sa première réponse à M. Gautier dit : « Je le répète, ce sont là des documents grossiers; car ils ne nous font pas connaître le mécanisme intime de l'action cérébrale; mais si grossiers qu'ils soient, ce sont les seuls que nous possédions; en sorte que l'unique légitime conclusion que nous puissions en tirer, c'est que *très probablement, sinon en toute certitude*, le travail psychique répond à une certaine action chimique, à une certaine action thermique... » (3).

Et six ans plus tard, au *Congrès international de psychologie expérimentale* tenu à Londres (1892), l'éminent biologiste dans son éloquent discours de clôture s'exprime ainsi : « Quel est le lien qui unit la cellule pensante à la pensée ? Est-ce un phénomène chimique ou dynamique ? Y a t-il pour la production d'une pensée une consommation de force chimique ? Si cela est proba-

---

(1) *Revue scientifique* (11 et 18 octobre 1886, 1er janvier 1887). Voir *Les Manifestations de la vie et les Forces matérielles* : *Revue générale des Sciences* (15 avril 1897).

(2) Jules Soury. *Les fonctions du Cerveau*, p. 376.

(3) Ch. Richet. *Le travail psychique et la force chimique* (*Revue scientifique*, 2e semestre 1886, p. 788).

ble, ce n'en est pas moins hypothétique, et le contraire, quoique bien improbable, pourrait exister » (1).

Donc il s'agit toujours d'une *hypothèse* invérifiée et peut-être..... invérifiable.

Et lors même qu'on pourrait mesurer exactement la *quantité* de travail cérébral — chose impossible encore — serait-on bien avancé ?

Tel génie qui, en cinq minutes, sans effort, fait une merveilleuse découverte, désintègre-t-il davantage qu'un imbécile qui met son cerveau à la torture durant des années, ruine sa santé et sa faible raison pour réaliser enfin une machine absurde ? Pascal qui, tout enfant — c'est-à-dire n'ayant pas le système nerveux complétement développé — inventa les mathématiques en quelques semaines, dépensa-t-il autant de subtance nerveuse qu'un jeune homme qui pâlit des années sur des théorèmes élémentaires sans même parvenir à les comprendre ?

Est-on bien sûr que cette pensée : « Le silence éternel de ces espaces infinis m'effraye » coûta plus d'efforts que celle-ci : « Le char de l'Etat navigue sur un volcan ? » La composition de ces vers splendides :

> Borné dans sa nature, infini dans ses vœux,
> L'homme est un dieu tombé qui se souvient des cieux,

précipita-t-elle plus de sulfates et de phosphates dans les urines de Lamartine que la production des suivants n'en amena dans celles de M. Coppée :

(1) Ch. RICHET. *L'avenir de la psychologie* (*Rev. scientif.*, 3 septembre 1892).

> On le voyait debout, derrière son comptoir,
> En tablier, cassant du sucre avec méthode.

Guyau errant, pensif dans un cimetière, aperçoit une pauvre femme pleurant convulsivement. A cette vue une émotion intense gagne le philosophe : son âme altruiste sympathise avec l'âme endeuillée de cette femme et, en une généralisation subite et souveraine, il pleure sur la douleur universelle.

> La femme se perdit sous les caroubiers verts ;
> Elle pleurait encor. Cette douleur vivante,
> Comprimée en ce cœur, m'emplissait d'épouvante.
> Eternellement seuls, quoique toujours voisins,
> Je mesurais combien sont sourds les cœurs humains.
> Nul ne la comprenait, pas même moi, peut-être....
> Quand je l'eus vue au loin, dans l'ombre disparaître,
> Je me sentis si seul, si perdu sous les cieux,
> Qu'à mon tour il me vint des larmes dans les yeux. (1)

Pensez-vous que la douleur de Guyau s'irradiant sur l'infinité des êtres, mais que seules de discrètes larmes trahirent, amena une plus grande désintégration nerveuse que les spasmes cloniques de cette femme produits par une affliction profonde, sans doute, mais cependant très égoïste et très circonscrite ?

En d'autres termes, est-il plus difficile à certains esprits d'exprimer des rapports et des rapports de rapports, d'avoir des intuitions sublimes, cosmiques, qu'à d'autres d'exprimer une juxtaposition de faits ? L'abstraction et la généralisation exigent-elles une consommation de force chimique plus considérable que

(1) GUYAU. *Vers d'un philosophe.*

la superficielle notation des sensations ? Les produits de désassimilation sont-ils proportionnels à la *valeur de la pensée* ? On n'en sait rien. L'équivalence mécanique, thermique ou chimique indiquera *peut-être* la désintégration amenée par le *travail cérébral*, mais ce ne sera point la mesure de la qualité des *opérations* psychiques. On aura l'indication assez précise de leur intensité, de leur durée, mais non point de leur *nature même*, de leur valeur propre, de leur seule valeur, en dernière analyse.

Pour élever à une certaine hauteur un certain poids, il faut une force mécanique facilement mesurable. Mais ce poids peut être de l'or, du charbon, du diamant, du pain, de l'acide cyanhydrique, une pierre, de la fulgurité, un être vivant : castor, homme imbécile ou génie, etc. Le travail mécanique nous renseignera-t-il sur les propriétés respectives de corps aussi divers ? Il ne saurait, eu égard au volume, que nous indiquer leur densité ! Quelle accablante insuffisance !

Pour transmettre un télégramme il faut un certain courant électrique dont l'intensité est appréciable par le travail chimique qui le produit. D'après ce travail chimique on pourra peut-être connaître exactement le nombre de lettres contenues dans le télégramme ; saura-t-on pour cela le *sens* de la dépêche ? Évidemment non, car l'ordre des lettres, leur *signification toute conventionnelle*, sont indifférents au travail chimique. Le *travail cérébral* ne serait-il pas de même absolument indifférent à la *qualité* des opérations mentales ?

Au reste, les produits de désassimilation au moyen

desquels on prétend apprécier la pensée ne viennent pas seulement de l'activité psychique, de sorte que les observations des physiologistes n'autorisent aucune conclusion définitive. « Le système nerveux central, les ganglions peuvent être considérés sous ce rapport, comme autant d'accumulateurs constamment mis en charge à la fois par l'alimentation et par toutes les impressions transmises de tous les points de l'économie. Et, constamment aussi, cette énergie se dépense en actions trophiques dont l'équivalent final sera pour une grande part la multitude des mouvements volontaires et de ces réflexes profonds qui nous demeurent inconnus et que révèlent seuls les instruments du physiologiste. Aussi quand nous prétendons retrouver dans les résidus de l'organisme, le résidu pondérable de l'activité musculaire, ne faut-il pas perdre de vue que les éléments nerveux ont contribué pour une part proportionnelle à la formation de ce résidu, et que nous n'avons actuellement aucun moyen de distinguer ce qui provient du muscle et ce qui provient de la substance nerveuse. Même alors que nous pourrions faire cette distinction, encore faudrait-il se rappeler que la part de substance nerveuse où l'activité s'exerce sous la forme propre de volition est infime, comparée à celle où doit s'exercer l'activité motrice inconsciente mise en jeu consécutivement et que nous devons supposer adéquate à la modification moléculaire survenant dans les muscles. De ce côté donc aucun moyen de retrouver l'équivalent chimique de la pensée (1) ».

(1) G. Pouchet. *Remarques anatomiques à l'occasion de la nature de la pensée (Revue scientifique,* 1er semestre 1877, p. 169).

On le voit, les recherches de Byasson et autres se jouent autour de la réalité, c'est-à-dire autour de la qualité même de la pensée.

Et non-seulement on ne connaît pas le rapport entre la cellule nerveuse et l'intelligence, mais nul n'a prouvé que l'énergie nerveuse soit proportionnelle à la force musculaire : à plus forte raison ignore-t-on si la puissance mentale est proportionnelle à celle des muscles.

Il est certain qu'à partir d'un certain degré de civilisation, la vie est si artificielle que les inégalités de force musculaire sont presque indifférentes aux conditions du développement mental. C'est ainsi qu'on trouve des hommes de génie très petits, d'une faiblesse extrême, et d'autres très grands, très vigoureux.

Socrate, Platon, Diogène, Aristote, Chrysippe, Épicure, Alexandre-le-Grand, Archimède, Philopœmen, Horace, Épictète, Narsès, Albert-le-Grand, Érasme, Montaigne, Cujas, Balzac, Spinoza, Lalande, Beccaria, Linné, Gibbon, Pope, Kant, Napoléon, etc., furent aussi extrordinaires par l'exiguïté de leur taille que par la grandeur de leurs œuvres. Plusieurs même étaient rachitiques ; Pope était si faible qu'il ne pouvait se tenir ni s'habiller seul !

Par contre, en Gœthe, Victor Hugo, Lamartine, etc. le génie flamboyant s'alliait à la vigueur et au parfait équilibre physiques.

Et si nous considérons l'ensemble des êtres nous voyons qu'un éléphant, une baleine, une girafe, sont beaucoup moins intelligents qu'une fourmi ; qu'un homme est plus intelligent que ceux-là et celle-ci. Et dans l'humanité, que le génie peut resplendir dans un corps chétif et malade comme dans un individu jouissant d'une excellente santé et doué d'une grande force musculaire.

Pasteur, l'un des génies les plus féconds et les plus puissants dont la France est glorieuse, qui, par ses bienfaisantes découvertes, a provoqué l'admiration et la reconaissance impérissables de tous les peuples, l'immortel Pasteur était *paralysé* d'un côté depuis 1868.

« Son œuvre, dit M. Berthelot, est d'autant plus remarquable qu'il l'a réalisée dans des conditions personnelles singulières.

» Frappé d'une attaque d'hémiplégie, il était demeuré affecté d'une paralysie partielle et ses amis avaient pu craindre que son esprit d'initiative n'en demeurât également éteint ou affaibli; mais la séparation entre les facultés motrices et les facultés intellectuelles n'apparut jamais plus clairement. C'est depuis cette époque peut-être que son génie inventif a brillé du plus vif éclat (1). »

Qu'est-ce à dire, sinon que nous voyons se manifester d'une manière toujours plus nette la grande loi universelle de la division du travail soit la spécification des fonctions ?

Et il nous paraît permis de poser que l'intelligence, dans la cité future, sera de plus en plus autonome, c'est-à-dire de plus en plus indépendante de la force, sinon de la santé physique.

Mais ce procès général, s'applique-t-il aussi à la

(1) BERTHELOT. *Mort de Pasteur* (*Le Figaro*, 29 septembre 1895).

femme ? Beaucoup de savants et de philosophes ont dit, après Darwin, que l'évolution de la femme est terminée.

Il importe de voir s'il s'agit là d'une opinion scientifique ou bien d'un de ces concepts vagues, *a priori*, dont les meilleurs esprits, dont les génies même parfois s'encombrent.

Pour élucider la question, il n'y a qu'un moyen : c'est d'interroger patiemment et avec toute la rigueur possible la science contemporaine.

CHAPITRE III

Sensibilité et Intelligence

La sensibilité à la douleur.

La sensibilité au plaisir.

CHAPITRE III

La sensibilité à la douleur.
La sensibilité au plaisir.

En présence des affirmations catégoriques, absolues — soi-disant estampillées par la science — sur l'irrémédiable faiblesse mentale de la femme, on se demande sérieusement s'il n'existe point un instrument délicat, propre à mesurer la vigueur de l'esprit, comme nous avons le dynamomètre, pour apprécier la force musculaire.

Il est d'opinion générale, en effet, qu'on peut évaluer l'intelligence d'une manière précise. On se dit : tout pénètre dans l'entendement par les sens ; le cerveau est l'organe de la pensée ; l'intelligence se révèle par les actes : si nous étudions la *sensibilité*, le *cerveau* et observons les *actes*, nous pourrons ainsi mesurer exactement la puissance psychique.

Sans doute, plus l'individu normal est sensible aux agents extérieurs, mieux il s'adapte au milieu ; et, comme la vie consiste en une adaptation continuelle, il semble que, plus il se met facilement en équilibre avec ce qui l'entoure, plus il soit intelligent.

Chose curieuse! La plupart des auteurs se plaisent à reconnaître que la femme est douée d'une sensibilité très délicate... d'où ils dérivent sa faiblesse mentale!

Sans cesse sollicitée par les excitations externes, disent-ils, accessible à des impressions très ténues qui n'affectent point l'homme, elle est impropre, par cela même, aux travaux qui demandent de la persévérance et de l'esprit de suite.

Cette opinion est si répandue qu'on la trouve exprimée dans les ouvrages les plus considérables.

M. Henry de Varigny écrivait récemment dans la *Grande Encyclopédie* : « Chez ce dernier (l'homme), les lobes frontaux — ceux où l'on est d'accord pour placer l'organe des opérations intellectuelles et des fonctions psychiques supérieures — sont prépondérants ; ils sont d'autant plus beaux et volumineux qu'il s'agit de races plus civilisées.

« Chez les femmes, ce sont les lobes occipitaux qui sont le plus développés et ont plus d'importance et ce sont ceux où la physiologie localise (1) les centres *émotifs* et *sensitifs* (2).

(1) « Il y a longtemps qu'on cherche la solution de ce problème ; les communications qu'on a entendues au Congrès de Londres ne hâteront pas cette solution ; elles l'ont plutôt reculée, en montrant, ce qui est toujours utile à savoir, quel nombre vraiment effrayant d'erreurs on peut commettre dans les tentatives de localisation.... Ces conclusions négatives, montrent les incertitudes, les tâtonnements, les marches et contre-marches de la Science expérimentale et la lenteur de ses progrès ; leçon salutaire pour les esprits impatients, etc. » A. BINET. *La Pyschologie expérimentale* (*Revue des Deux-Mondes*, 1893, t. CXVI, p. 434-435).

(2) D'après TANZI et MUSSO, dans 17 expériences de thermogé-

« Ceci est d'ailleurs bien d'accord avec les caractè-res psychologiques des deux sexes, le sexe masculin ayant plus d'intelligence ou de puissance intellectuelle, tandis que la femme est douée d'une *plus grande sen-sibilité.* » (1).

La contradiction est délicieuse ! D'un côté on déclare, au nom de l'anatomie, de la psychologie et de la pathologie (2) que plus l'être normal est *sensible, plus il est intelligent;* d'un autre on affirme que la femme, plus *sensible* que l'homme, lui est *inférieure par l'intelligence !*

MM. Lombroso et Sergi sont plus logiques. Ils ont voulu prouver que la sensibilité à la douleur et la sensibilité tactile sont moindres chez la femme que chez l'homme (3).

Souvent, disent-ils, la femme réagit plus vivement à une excitation, mais sa sensibilité n'est qu'apparente : il faut distinguer l'irritabilité de la sensibilité. Chez la femme, la cellule réagit, mais ne sent pas ; chez l'homme, elle sent. Or, c'est là précisément le point en litige :

---

nèse cérébrale « les variations thermiques de la tête observées durant les émotions ne se sont manifestées que sur la région frontale. Dans 25 expériences où une extrémité de la pile était appliquée sur la région pariétale, occipitale, etc, de la tête, le galvanomètre est demeuré immobile. Trois fois seulement, sous l'influence d'une émotion intense et de longue durée, on nota de légères variations de température à l'occiput ». Jules Soury, *les Fonctions du Cerveau,* p. 374-395.

(1) Henry de Varigny, art. Femme de la *Grande Encyclopédie.*

(2) Charles Richet. *L'Homme et l'intelligence,* p. 109.

(3) Sergi. *Sensibilità femminile (Archivio di psichiatria scienze penali ed anthropologia criminale,* (vol. decimo-terzo, 1892).

l'excitation à laquelle répond l'être vivant, ne doit-elle pas affecter sa sensibilité ?

Cependant, les expériences de MM. Francis Galton et W. Dehn sont en contradiction avec celles des deux savants italiens.

M. Galton a poursuivi pendant plusieurs mois des observations sur la sensibilité comparée de 932 hommes et 377 femmes et a reconnu ainsi la supériorité esthésique de la femme (1).

D'après M. Dehn, la sensibilité tactile serait à peu près la même chez les deux sexes; mais les femmes percevraient mieux que les hommes les différences de température; elles seraient aussi plus sensibles à la douleur, aux excitations électriques et distingueraient mieux les sensations gustatives (2).

En présence de ces observations et surtout de celles de M. Ottolenghi, MM. Lombroso et Ferrero, dans l'édition française de *La Femme criminelle*, reconnaissent avec une haute sincérité dont il les faut louer, leur erreur touchant la moindre sensibilité tactile de la femme, mais ils persistent à penser que la femme est moins sensible que l'homme à la douleur.

Ils s'appuient sur les récentes observations de M. Ottolenghi (3).

(1) F. GALTON. *La sensibilité comparée de l'homme et de la femme étudiée dans la région de la nuque (Nature* (anglaise). Analyse de M. Binet dans l'*Année psychologique* (1895).

(2) W. DEHN. *Études comparatives sur les sensations de la peau et les sensations gustatives chez les hommes et les femmes.* (Analyse de M. Beaunis dans l'*Année psychologique* (1895).

(3) OTTOLENGHI. *La sensibilité de la femme (Rev. scientif.* 1er semestre 1896).

M. Ottolenghi, qui a expérimenté sur environ 1500 personnes, conclut :

1° La plupart des femmes (sauf les paysannes) présentent une *excitabilité exagérée* : cette manifestation particulière ne se trouve qu'exceptionnellement chez l'homme ;

2° La sensibilité *vraie* à la douleur est moindre chez la femme que chez l'homme ;

3° La *résistance* à la douleur est plus forte chez la femme que chez l'homme ;

4° La sensibilité générale (sensation de contact) est plus délicate chez la femme que chez l'homme.

Cette sensibilité spéciale découverte par M. Ottolenghi et qu'il appelle *excitabilité exagérée* n'est, en définitive, que le rétablissement, sous une autre forme, du distinguo de MM. Lombroso et Sergi entre l'irritabilité et la sensibilité. Mais cette explication, malgré son ingéniosité, nous parut absolument inacceptable et nous crûmes devoir la réfuter (1).

« Si la sensibilité, disions-nous, était caractérisée par la simple réponse du tissu vivant à l'excitation externe, on pourrait peut-être souscrire à la conclusion de M. Ottolenghi. Mais le signe extérieur est déterminé, dans une certaine mesure, par l'état psychique de l'individu. Et la réaction psychique est parfois en désaccord avec le pur réflexe. On peut, sans doute, mesurer d'une manière exacte la réaction physiologique à l'excitation, mais on n'ignore pas moins le *rapport* entre le mou-

(1) Jacques LOURBET. *La sensibilité à la douleur (Rev. scientif.* 1er semestre 1896).

vement et la douleur, qui est subjective. Et la connaissance de ce rapport est, au fond, la seule chose qui importe au point de vue psychologique. »

C'est là une objection fondamentale qui n'a pas été détruite. Nous pensons, en outre, avoir montré clairement que la prétendue *excitabilité exagérée* s'évanouit à l'analyse : c'est un pur mirage verbal.

Il est d'ailleurs assez singulier qu'on décide de la valeur intellectuelle d'après la sensibilité à la douleur *seulement*.

« La douleur n'est pas seule à faire jaillir l'étincelle qui illumine notre conscience. En réalité, c'est surtout grâce au plaisir que l'homme évolue, qu'il rend plus précis et plus délicats ses rapports avec les autres êtres et ainsi agrandit sans cesse le cercle de sa sympathie. Le plaisir dilate l'âme, multiplie et intensifie la vie.

La douleur, au contraire, nous porte à fuir le monde extérieur et par son pouvoir inhibitif amoindrit nos moyens de connaître. Elle marque la limite de notre sensibilité (expériences de M. Richet et de M. Naunyn). Elle affine sans doute l'intelligence, mais on conçoit moins qu'elle puisse en accroître la force, l'étendue, la puissance cosmique. On s'accorde à reconnaître que la douleur est dépressive; même lorsqu'elle semble augmenter l'intensité vitale, son influence dynamogène n'est qu'apparente.

Au vrai, l'individu ne persévère dans l'existence, personnellement et à travers l'espèce, que grâce à l'infinie variété des formes du plaisir. Et vouloir, comme certains psychologues, apprécier l'intelligence en tenant compte seulement de la sensibilité à la douleur, paraît peu rigoureux, car, d'une part, les sensations agréables sont beaucoup plus nombreuses et plus variées, c'est-à-dire constituent des sources très abondantes d'enrichissement intellectuel et, d'autre part, l'avertissement de la douleur est toujours trop tardif et n'est pas nécessairement adéquat à la conservation de l'homme civilisé.

En outre, il ne saurait suffire d'observer les réactions douloureuses sur la main comme le font nombre d'expérimentateurs, car :

1° La sensibilité est très différente sur les diverses parties du corps;

2° Même si on opérait sur toute la surface de la peau par pression ou par le courant électrique, on ne serait renseigné que sur une des très nombreuses formes de la douleur humaine;

3° L'œil et l'oreille sont beaucoup plus sensibles que la peau;

4° La sensibilité des organes internes influe aussi sur les qualités mentales;

5° La sensibilité au plaisir joue un rôle très important dans les acquisitions intellectuelles.

Tant que, respectivement, pour des milliers et des milliers d'individus, on n'aura pas mesuré toutes les sensibilités à la douleur d'un côté, et, d'un autre, toutes les sensibilités au plaisir; tant que les observations, au lieu de se vérifier réciproquement, se contrediront, il sera sage d'ajourner les conclusions générales » (1).

(1) Jacques LOURBET. *La douleur et l'intelligence (Rev. scientif.* 12 juin 1897).

Et c'est à cause de cette manière de déduire, vraiment trop commune à notre époque d'analyse et de spécialisation, qu'en ces dernières années on a fait beaucoup de bruit autour des expériences — d'ailleurs trop superficielles — de Nichols et de Bailey sur l'odorat.

M. Auguste Strindberg, par exemple, attache une grande valeur démonstrative à ces observations (1).

M. Strindberg est un remarquable artiste, mais en cette étude sur l'*Infériorité de la femme*, dépourvue de toute valeur critique, il a révélé combien il est mal préparé à la spéculation de la philosophie. Par la violence, la passion échevelée, le dramaturge scandinave peut atteindre à la supériorité artistique, mais ces qualités mêmes le rendent impropre aux jugements impartiaux, aux déductions rigoureuses qui demandent une claire et haute sérénité mentale.

M. Strindberg constitue un significatif exemple de cette tendance contemporaine à tirer de la science ou de la pseudo-science ce qu'elle ne contient point. Il y a un abîme entre ces deux propositions : la femme a l'odorat moins subtil que l'homme, *donc* elle est moins intelligente ; tandis que M. Strindberg pense qu'il y a entre elles une relation de cause à effet.

Aussi bien selon Marro, la sensibilité olfactive est plus fine chez la femme que chez l'homme (2).

En tout cas, Nichols et Bailey n'ont point prouvé que la

***

(1) Aug. STRINDBERG. *De l'infériorité de la femme* (*Revue Blanche*, janvier 1895).

(2) LOMBROSO et FERRERO. *La femme criminelle et la prostituée* p. 648.

femme ait *nativement* l'odorat moins subtil que l'homme.
Pour donner quelque rigueur à ces expériences il eût
fallu opérer sur des femmes dont l'odorat ne fût point
émoussé par l'habitude de se parfumer. On sait que ce
sens, principalement, perd vite sa finesse s'il est continuellement impressionné par les odeurs : les phar-
maciens, les parfumeurs, etc. perçoivent mal les odeurs
délicates. Or la femme civilisée, pour plaire à l'homme,
se parfume : quoi d'étonnant à ce qu'elle finisse par
avoir le sens olfactif moins subtil que lui ? Mais cela
ne prouve point que par nature elle soit affligée d'une
véritable « infirmité » de l'odorat.

Et si Marro avait raison contre Nichols et Bailey,
quelle ne devrait pas être la puissance originelle du sens
olfactif chez la femme pour résister victorieusement à
l'usage et même à l'abus quotidien des odeurs ?

Au reste, si l'odorat est un grand secours pour l'intelligence chez les insectes, certains poissons et beaucoup
de quadrupèdes, il n'a chez l'homme et la femme qu'un
rôle presque négligeable dans les acquisitions de l'esprit.

Il n'y a donc rien à dire de ces fantaisies extra-scien-
tifiques, pas plus que de la prétendue infériorité de la
femme au point de vue de la vision, de la gustation,
etc. D'abord on est loin d'être d'accord là-dessus, et,
ensuite, si l'on peut affirmer que, d'une manière générale, l'intelligence croît avec la sensibilité, il est impossible d'admettre que celle-ci accompagne celle-là jusqu'en ses plus hautes opérations ; dans l'espèce
humaine, les sens ne sauraient rendre compte de toutes les acquisitions intellectuelles. Ainsi notre œil ne
voit pas une distance de 500 kilomètres et nous avons

cependant une idée ou concept de cette longueur ; il ne voit pas la surface de la France, le volume de la terre, etc., cependant ces choses sont représentées dans notre esprit.

Certes si nous étions insensibles, nous ne pourrions jamais connaître les dimensions, les formes, les températures, etc., mais pour obtenir la représentation mentale de telle longueur, tel volume, tel poids, telle chaleur, l'impression de cette chaleur, de ce poids, de cette dimension, de ce volume déterminés n'est pas nécessaire ; bien plus, elle est souvent impossible.

Dès qu'il y a un certain nombre de sensations, l'homme, grâce à ses facultés de discernement, d'abstraction et de généralisation, peut *créer* un grand nombre d'idées qui ne supposent pas des sensations correspondantes. L'enfant (1) et le sauvage ont souvent une sensibilité plus vive que l'adulte civilisé ; néanmoins, ils sont incapables de généraliser : ils ne se représentent que ce qu'ils ont embrassé du regard, touché, parcouru, etc.

On ne voit donc pas comment on pourrait mesurer la puissance d'abstraire et de généraliser avec le compas de Weber !

Les ingénieux travaux de psycho-physique depuis Helmoltz jusqu'à J. Delbœuf, MM. Wundt, Beaunis, Binet, Féré, etc. ; les recherches psychométriques de MM. Munsterberg, Seashore, Titchener, Witmer, etc., excitent sans doute l'admiration, mais personne cepend

(1) Voir, ZWAARDEMAKER. *Le champ auditif dans les âges différents* (*L'Année psychologique*, t. i. p. 338).

dant ne prétend avoir trouvé la loi des rapports des sensations et de l'intelligence.

Les difficultés qui se dressent dans cet ordre de recherches semblent, d'ailleurs, devoir être de très longtemps — sinon toujours — insurmontables. Essayons de les mettre en lumière.

Supposons qu'il soit possible de mesurer la vitesse, l'amplitude et la *forme* des mouvements des atomes. On admet — par hypothèse — que les différentes qualités des corps se distinguent par les différences moyennes de leurs girations atomiques.

Suffirait-il d'observer un certain nombre d'atomes pour reconnaître au caractère de leurs vibrations les éléments constitutifs de l'or, du fer, du nickel, de l'oxygène, etc.? Non! il faudrait encore pénétrer la volonté obscure des atomes, leur conscience rudimentaire, et, comme dirait M. Fouillée, leur appétition à se grouper de telle ou telle manière; il faudrait connaître ces appétences diverses et les effets synergiques produits par la rencontre d'atomes identiques — s'il en est! — ayant même orientation; et les résultats de conflits d'activités; et les degrés de ces contrariétés; et les influences magnétiques, électriques, thermiques, lumineuses, sonores, chimiques, sidérales... Les difficultés effrayent l'imagination, car la moindre erreur initiale est multipliée par des nombres prodigieux. Mais enfin, comme on ne saurait, sans manquer de prudence, assigner des bornes au possible, admettons que la science expérimentale parvienne un jour à mesurer exactement les vibrations atomiques.

On pourra poser alors : si des atomes du caractère A

se trouvent groupés en nombre suffisant pour former un volume visible à l'œil nu, on aura de l'or.

Considérons maintenant les sensations et voyons si, en les mesurant aussi exactement que les mouvements atomiques, on pourrait apprécier l'intelligence d'une manière précise.

Quelle que soit la valeur de la loi de Fechner modifiée par J. Delbœuf (1) ; si remarquables que soient les savantes recherches les plus récentes des psycho-physiologistes, il n'a pas été possible de mesurer la sensation, c'est-à-dire la sensation dans sa puissance de sentiment ou d'idée. Comment une sensation se transforme-t-elle en sentiment ou en idée ?

N'y a-t-il pas même des sentiments dont l'expérience ne saurait point rendre compte ?

« La doctrine soutenue par quelques philosophes, dit Herbert Spencer, que tous les désirs, tous les sentiments sont engendrés par l'expérience, est si manifestement en désaccord avec un si grand nombre de faits que je ne puis que m'étonner que quelqu'un ait jamais pu l'accepter » (2).

Et, d'ailleurs, qui pourra calculer, par la mesure des sensations, le degré de persistance, de netteté, de force, de finesse, d'activité, d'ampleur, de fugacité, d'élévation, de délicatesse... des idées ou des sentiments ; la sûreté de la raison, la puissance inventive, la fécondité et la vigueur de l'imagination, etc., etc.? Et l'effet produit par une sensation nouvelle sur les

(1) J. Delbœuf, *Éléments de psychophysique.*
(2) Herbert Spencer. *Principes de Psychologie,* t. II, p. 536.

associations d'idées ou la métamorphose des sentiments ; les phénomènes d'excitation, de réaction, d'inhibition ; l'infinité de combinaisons diversement originales, engendrées chez une personne douée d'une grande
richesse psychique : combinaisons subordonnées à la
mémoire, à la puissance d'abstraire et de généraliser ;
cet effet, d'ordre si généralement complexe, et, en dernière analyse, si contingent, puisqu'on ne connaît pas
toutes les causes — *ingesta, egesta, circumfusa* —
qui peuvent exercer leur influence indéterminable sur
les sensations grosses d'idées ou de sentiments, cet
effet, par quelle suprême magie le prévoir ?

Dans la première hypothèse — au cas où elle serait
légitime — rien de plus facile que de vérifier si à tel
caractère de l'atome correspond le corps prévu et, inversement, de prendre une parcelle d'or et d'observer si
ses atomes se comportent comme il a été affirmé ; mais
de ce que l'on a évalué un certain nombre de sensations
— lors même qu'on en aurait fait l'exhaustion complète — peut-on se flatter de connaître l'intelligence
corrélative ? Comment vérifier ? Comment prendre un
fragment d'intelligence pour faire l'épreuve contraire ?
Qui montrera le processus ininterrompu de la simple
sensation à la merveilleuse faculté d'abstraire et de
généraliser, essence même de l'intelligence ?

Pense-t-on que Victor-Hugo ou Kant eussent l'œil
plus sensible qu'un sauvage ou qu'un enfant, le tact
plus délicat qu'un névropathe d'infériorité mentale
notoire ? En un mot, dans la mesure *grossière* de la
sensibilité du grand poète et du profond philosophe,
aurait-on trouvé l'indication précise de leur géniale

puissance intellectuelle ? Non ! La somme des sensations n'égale pas l'intelligence. Vouloir connaître exactement la valeur de la pensée au moyen de la psychophysique et de la psychométrie, c'est, du moins en l'état présent de la science, une tentative absolument vaine.

La délicatesse *observable* des sens est susceptible d'accuser, en général, un minimum d'intelligence, mais elle ne peut rendre compte de l'indicible complexité des opérations de l'esprit parvenu à une haute culture.

Au surplus, une *différence* de sensibilité entre les sexes, différence même au désavantage de la femme, ne saurait signifier *nécessairement* une infériorité mentale correspondante. Nous ignorons le rapport de nos signes numériques aux réelles qualités de l'esprit et du cœur.

Et non seulement il serait téméraire d'affirmer que les *sens connus* sont les *seuls* auxilliaires de l'esprit, mais il est certain que la femme ne pense pas comme l'homme : elle acquiert souvent des connaissances d'une autre manière.

Depuis Aristote, nous sommes habitués à considérer le syllogisme comme le seul moyen de nous mener à des conclusions sûres. Cependant, à bien regarder de près, le syllogisme *vérifie* surtout les connaissances acquises de différentes façons, par des inférences très simples ; Herbert Spencer l'a déjà remarqué, après Descartes et Pascal.

En outre, il est impossible d'apprécier la collaboration respective des sexes à l'amélioration réelle de la vie.

CHAPITRE IV

Le Cerveau et l'Intelligence.

Y a-t-il un rapport absolu entre le développement de l'intelligence et le volume, le poids ou les circonvolutions du cerveau ?

CHAPITRE IV

LE CERVEAU ET L'INTELLIGENCE.

Y a-t-il un rapport absolu entre le développement de l'intelligence et le volume, le poids ou les circonvolutions du cerveau ?

Mais on s'est flatté surtout d'atteindre l'intelligence par l'étude minutieuse du cerveau.

La littérature actuelle ; les revues de vulgarisation scientifique ; les encyclopédies empruntant un haut prestige à leurs colossales dimensions et parfois aussi aux noms illustres qui les patronnent, enracinent dans le public — même le public lettré où se recrutent les législateurs et les hommes de gouvernement — l'opinion que le cerveau croît avec l'intelligence, *parce que la fonction fait l'organe*. La fonction fait l'organe ! N'est-ce pas là un truisme scientifique ?

Et qui oserait s'inscrire en faux contre l'abus d'une pareille affirmation, sous peine d'être taxé de scandaleuse ignorance !

Sans doute cette proposition est vérifiée pour le muscle ; mais l'est-elle aussi pour le cerveau ? Non, car le cerveau n'est pas exclusivement au service de la pensée : l'activité musculaire influe sur son développement, de sorte qu'il est impossible de déterminer la part qui serait due à l'exercice de l'intelligence.

D'ailleurs le crâne de Voltaire est un des plus petits qu'on ait observés ; il a été prouvé par Broca que des paysans illettrés de l'Auvergne avaient une capacité crânienne beaucoup plus grande que les Parisiens instruits ; les crânes de la caverne de l'*Homme-Mort* et les crânes quaternaires en général sont très volumineux bien qu'appartenant à des races dont les manifestations mentales sont infantiles (1).

La plus petite capacité crânienne des anciens Egyptiens coïncide avec la 18e dynastie, c'est-à-dire avec la période la plus brillante de cette antique civilisation.

Voilà des faits significatifs qui pourraient bien sauver du ridicule quiconque ne pense pas que cet aphorisme « la fonction fait l'organe » doive nécessairement s'appliquer au cerveau *comme* au muscle, c'est-à-dire de la *même manière*.

Les pesées d'encéphales ou de cerveaux — trop peu nombreuses d'ailleurs — ne révèlent pas davantage la loi cherchée. Lélut affirme que « proportionnellement au développement total du corps exprimé par celui de la taille, le poids du cerveau des idiots — comme l'ampleur de leur crâne — loin d'être inférieur à celui des hommes d'une intelligence ordinaire, est en réalité au moins aussi considérable (2). »

Et s'il n'est pas rare de trouver des petits cerveaux

(1) Paul Broca, *Sur les Crânes de la Caverne de l'Homme Mort* (*Revue d'anthropologie* 1873).

(2) *Physiologie de la pensée*, t. II.

ayant appartenu les uns à des hommes d'une grande intelligence (1), les autres à des idiôts, on a souvent observé, inversement, que des cerveaux très volumineux et très lourds avaient recélé tantôt une pensée géniale, tantôt une activité mentale fort rudimentaire. « Dans les tableaux du Dr Peacock, sur 157 poids de cerveaux d'Écossais adultes, âgés de 20 à 60 ans, il y en a quatre qui vont de 1728 à 1778 grammes. Ils appartiennent tous, en apparence, à des artisans ; trois d'entre eux étaient l'un marin, l'autre imprimeur et le dernier tailleur. Rien ne montre que ces individus se soient distingués de leurs camarades par des facultés supérieures.

Le cerveau le plus lourd que l'on ait observé jusqu'ici avait appartenu à un homme de trente-huit ans mort à University Collège Hospital en 1849. Le poids du cerveau était, immédiatement au sortir du corps, de plus de 1900 grammes. Cet homme ne savait ni lire ni écrire.... Quelles qu'aient donc pu être ses qualités virtuelles, il n'avait pas beaucoup d'acquis (2). »

Il est incontestable, disait Broca, que les races mongoliques sont moins intelligentes que la nôtre.

Et cependant les dimensions de leur cerveau ne rendent pas compte de leur minorité intellectuelle (3).

(1) Le Cerveau de Hermann, philologue, pesait 1358 grammes, celui du physiologiste Harless, 1238 grammes ; celui de l'anatomiste Ignace von Dollinger, 1207 grammes; celui de Liebig, chimiste 1352 grammes ; celui de Tiedmann, anatomiste et physiologiste, 1254 grammes ; celui de Gambetta, 1246 grammes ; etc.

(2) Charlton BASTIAN. *Le Cerveau organe de la pensée,* t. II, p. 30.

(3) Paul TOPINARD. *Éléments d'anthropologie,* p. 506.

Parchappe concluait que, toutes choses égales d'ailleurs, le poids du cerveau chez les deux sexes est relativement plus grand chez les personnes de haute taille que chez celles de petite stature. Et Bastian ajoute : « Ceci s'accorde avec les supputations plus récentes de Marshall » (1).

Voilà de précieuses observations. Si elles sont exactes, elles démontrent que les plus grands génies avaient un petit cerveau, puisque la plupart eurent une taille fort exiguë !

Mais voici que M. Topinard soutient une opinion contraire : « ..... les animaux de petite taille ont, en règle générale, un gros cerveau, ceux de grande taille, au contraire, un petit cerveau. » (2)

Si Parchappe, Marshall et Bastian sont dans le vrai, la femme, plus petite que l'homme, doit avoir un plus petit cerveau que lui, mais cela ne saurait l'empêcher de posséder ou d'acquérir une vigueur mentale au moins équivalente. Les manifestations psychologiques de la fourmi sont bien supérieures à celles de l'éléphant !

Si au contraire M. Topinard a raison, la femme, moindre que l'homme, doit avoir plus de cerveau que lui !

En réalité toutes les règles que l'on pose sont sans valeur, car vraiment elles se heurtent à trop de contradictions. Il importe donc fort peu d'examiner si la femme a autant de cerveau que l'homme, car d'une

____

(1) Ch. BASTIAN. *Le Cerveau organe de la pensée*, t. II. p. 21.
(2) Paul TOPINARD. *L'homme dans la nature*, p. 186-187.

moindre quantité de substance cérébrale la science ne permet nullement de déduire l'infériorité de l'intelligence correspondante.

Dans une séance célèbre de la société d'anthropologie, Broca s'était écrié : « Personne n'a prétendu, soit ici, soit ailleurs, qu'il y eût un rapport absolu entre le développement de l'intelligence et le volume et le poids de l'encéphale. Pour ce qui me concerne j'ai protesté de toutes mes forces *contre une pareille absurdité.* » (1)

Notons cependant que d'après le Dr Manouvrier — et l'on sait combien les travaux de ce savant rigoureux font autorité en la matière — le poids proportionnel du cerveau par rapport à la taille et au poids du corps entier est *plus grand* chez la femme que chez l'homme (2).

On prétend aussi que la nature des circonvolutions cérébrales est un indice certain du degré d'intelligence. « Le cerveau de la femme, dit M. Henri de Varigny, est moins plissé, les circonvolutions sont moins belles, moins amples et se détachent avec moins de relief; c'est là un caractère d'infériorité très positif. » (3)

Mais il y a des animaux, relativement fort intelligents, qui n'ont pas de circonvolutions — le cerveau du castor, par exemple, est à peu près lisse; — tandis que d'autres, tels que le mouton, les gros cétacés et même quelques-uns des petits (à qui M. de Varigny refusera sans doute, lui-même, la supériorité intellec-

<hr>

(1) Paul Topinard. *Éléments d'anthropologie,* p. 506.
(2) *Revue d'Anthropologie,* 15 juillet 1892.
(3) Henry de Varigny, art. Femme de la *Grande Encyclopédie.*

tuelle) *ont des circonvolutions cérébrales d'une extrême complexité!* (1).

Il en faut donc convenir, l'observation n'a point montré qu'il y ait une relation simple ou définie entre le degré d'intelligence et la structure, le volume ou le poids du cerveau.

Les biologistes dont l'esprit n'est point hypnotisé par le *fait*, qui savent à la fois observer et expérimenter avec exactitude, analyser subtilement et ensuite sont capables de s'élever aux vastes et fécondes constructions de la synthèse, les libres et les indépendants, ceux qui ne « s'entêtent » jamais, les vrais savants philosophes, en un mot, le reconnaissent formellement. Tel M. Charles Richet qui, au *Congrès international de psychologie expérimentale* (1892), s'exprimait ainsi : « …Une psychologie bien faite suppose une physiologie cérébrale bien faite. Or celle-ci nous fait actuellement tout à fait défaut. Les expériences ingénieuses ne manquent pas, mais elles sont sans lien entre elles, quelquefois contradictoires. Même quand elles sont homogènes, elles n'avancent pas beaucoup nos connaissances…

Que sait-on de précis sur le poids même du cerveau ?

Songe-t-on à la complication effrayante des actes

---

(1) « Les plissements compliqués sont si bien une résultante que l'homme n'est pas du tout le plus gyrencéphale des animaux. Il est dépassé par l'éléphant et plus encore par les cétacés, sans que nous ayons à nous en offenser. » Paul TOPINARD. *L'homme dans la nature*, p. 190-191.

psychologiques qui se passent dans le minuscule amas nerveux qui représente le cerveau d'une fourmi ?

Les localisations cérébrales, sur lesquelles tant d'expériences ont été faites et que la pathologie éclaire chaque jour par de précieuses observations et de minutieuses études, n'ont pas dit leur dernier mot.

Au cas même où se trouveraient localisées les principales fonctions de l'âme, ce qui ne tardera guère, on n'aurait pas par cela même, beaucoup élucidé le problème, car le rapport de la pensée avec la matière resterait non éclairci. Aujourd'hui, on ne peut même pas avec une certitude absolue, affirmer que c'est la cellule nerveuse qui pense, et que ni la fibre nerveuse blanche, ni le tissu conjonctif ambiant ne prennent quelque part à l'élaboration de l'intelligence...

Bref, le premier problème de la psychologie c'est la physiologie de la cellule nerveuse, physiologie très rudimentaire encore et pour laquelle nous n'avons que des données très imparfaites » (1).

Il reste donc bien établi que, pour le cerveau, les faits ne justifient point, *comme* pour le muscle, cette proposition : la fonction fait l'organe. Et par là nous voulons dire que le perfectionnement mental ne se signifie pas par un accroissement corrélatif et nécessaire du cerveau *en volume et en poids.* (2)

(1) Charles RICHET. *L'avenir de la pyschologie (Revue scientifique,* septembre 1892).

(2) En 1896, M. Arthur Desjardins, de sa propre initiative, nous fit l'honneur de présenter à l'Académie des Sciences morales et politiques notre livre *La Femme devant la Science contemporaine.* Nous saisissons l'occasion de remercier publiquement M. Desjardins qui, malgré nos divergences de vues, voulut bien

Il faut remarquer d'ailleurs qu'on est dupe du sens métophorique des mots, de la confusion qui s'opère entre observer et déduire.

La physiologie a montré d'une manière indubitable que le muscle grossit par l'exercice. Or, l'activité de l'esprit amenant de la fatigue *tout comme* un travail physique, on s'est dit : puisque les opérations mentales se font dans la tête, le cerveau est l'organe de la pensée ; quand la pensée s'exerce, le *cerveau travaille*, et plus il travaillera, plus il deviendra vigoureux, *c'est-à-dire* plus volumineux ou plus dense, *car* le muscle grossit par l'exercice : *donc* l'intelligence croît avec le volume du cerveau !

Chacun voit combien ce raisonnement est captieux. La force du muscle est proportionnelle à la surface de section, c'est reconnu ; mais la logique, ni l'observation, rien, absolument rien n'autorise à déduire de ce fait cet autre fait ; plus le cerveau est volumineux, plus l'esprit est vif et puissant.

Cependant, ainsi raisonnent la plupart de nos contemporains. Cerveau est devenu synonyme d'esprit. Gros cerveau égale vigueur de pensée ; crâne étroit égale esprit étroit. Et ces expressions impliquent le raisonnement absurde que nous avons fait plus haut. Vous croyez peut-être que les syllogismes faisant entrer dans la conclusion ce qui n'est point dans les prémisses

faire de notre essai un vif éloge. Nous fûmes d'autant plus sensible à ce compte-rendu que nous crûmes y apercevoir comme un hommage discret au criticisme philosophique modifiant, depuis un siècle, l'âme de notre race et l'affranchissant chaque jour davantage de la tutelle des dogmes quels qu'ils soient, c'est-à-dire la dégageant du fanatisme et de l'intolérance.

sont très rares et qu'on n'en saurait trouver sinon chez les écrivains inférieurs ; il est facile d'en découvrir dans les œuvres signées des plus beaux noms dont l'humanité se glorifie. Il est piquant, par exemple, d'en citer un à l'actif de l'auteur de *Gorgias.* Platon — il n'en est pas moins le divin Platon — dans le *Phédon,* veut démontrer que l'âme est immortelle : « L'âme, quel que soit le corps qu'elle habite, vient-elle toujours lui apporter la vie ? — Sans doute. — Y a-t-il quelque chose de contraire à la vie ou n'y a-t-il rien ? — Oui, il y a quelque chose. — Qu'est-ce ? — La mort. — L'âme ne recevra donc jamais ce qui est contraire à ce qu'elle apporte avec elle, etc... » Dans le premier terme, « l'âme » et « la vie » sont choses distinctes ; dans le deuxième, l'âme est identifiée à la vie, et c'est à cause de cette confusion subtile que la conclusion « donc l'âme est immortelle » devient possible.

D'autre part, la logique abstraite, même la plus rigoureuse, appliquée arbitrairement aux phénomènes, conduit souvent aux pires erreurs.

Soit la proposition suivante : $A = A$; $A + A = 2A$; $2A - A = A$; $A - A = 0$. L'esprit conçoit ces opérations comme absolument justes et les applique aveuglément au monde phénoménal sans prendre garde que dans la vie concrète les éléments se modifient sans cesse en agissant les uns sur les autres. En effet : prenons une feuille de tôle et lui donnons un coup de marteau : la feuille devient convexe. Si nous usons du pur raisonnement, nous dirons : frappons un coup identique en sens inverse et la feuille recouvrera son état premier.

Or, l'expérience prouve que le résultat voulu ne s'obtient pas ainsi. Y a-t-il donc deux logiques ? Non ! Mais dès qu'on *agit*, il s'introduit dans la proposition des éléments que nous n'apercevons pas tout d'abord, tandis que les termes abstraits ne sauraient s'altérer, malgré les opérations mentales les plus compliquées.

Avant de recevoir le premier coup de marteau, la feuille se trouve dans un état d'équilibre moléculaire, que nous appellerons a ; le marteau dans un état d'équilibre que nous appellerons b. Après le coup de marteau a est modifié ; il est devenu a', mais b aussi est modifié ; il est maintenant b'. Et nous disons : si nous frappons, en sens opposé, b' sur a' nous retrouverons d'une part a, et b de l'autre. Or, cette déduction est erronée. Lorsque je frappe b sur a, a présente une résistance déterminée qui modifie b en conséquence ; mais après le premier coup est-il certain que le rapport entre le choc et les modifications respectives des deux objets soit resté constant ? En d'autres termes, sait-on si $\frac{a'}{b'} = \frac{a}{b}$? Pour remettre la plaque de tôle dans l'état premier, la même force de percussion est-elle nécessaire ? On n'en sait rien. On peut sans doute *imaginer* un coup identique appliqué en sens inverse, mais l'expérience prouve qu'il est impossible de le *frapper*.

Prenons un autre exemple. On sait qu'à partir d'une certaine vitesse un mobile qui traverse l'espace devient invisible à l'œil nu. Si on se réfère à la logique abstraite on posera : l'impossibilité de voir le mobile croît proportionnellement à la vitesse.

Or, en expérimentant pour les armes à feu la fulgurite récemment inventée par Raoul Pictet, on a observé

que si la vitesse de la balle atteint six cents mètres à
la seconde, la balle devient visible à l'œil nu !

Ces exemples — nous les pourrions multiplier —
prouvent qu'il ne suffit pas que le pur raisonnement
soit inattaquable ; il faut encore que dans les combinaisons du monde sensible les termes restent absolument identiques à eux-mêmes, chose souvent impossible
ou du moins extrêmement difficile à prévoir et à obtenir.

Une des plus grandes sources d'erreur pour l'homme,
c'est bien l'application abusive du raisonnement abstrait
à la vie phénoménale.

C'est grâce à cet abus que l'on a pu revêtir de l'es-
tampille de la science ce funeste préjugé : la fonction
fait l'organe ; *donc,* le cerveau croît avec l'intelligence.

Ici se trahit l'infirmité de l'esprit humain. Nous
sommes tellement aveuglés par le fait objectif qu'il nous
est difficile de concevoir une autre manière d'être que
celle se révélant brutalement à nous par les sens. Nous
disons : mille mètres c'est *plus* qu'un mètre ; une mon-
tagne c'est *plus* qu'une fourmi, etc., et nous arrivons à
nous contenter du *volume,* de la *longueur,* du *poids,* de
la *surface* ou de tous autres attributs grossiers et
superficiels — s'imposant despotiquement à notre
esprit et produisant ce phénomène d'inhibition si élégamment mis en lumière par M. Binet (1) — pour comparer les choses et les classer par ordre de valeurs, alors
que les *dimensions* n'ont de signification que par rapport à la *forme* de nos sens et ne sauraient point nous

(1) A. BINET. *Sur un cas d'inhibition psychique (Revue philosophique,* décembre 1891).

révéler la qualité intrinsèque des objets, ni surtout la qualité possible, réalisable sous certaines conditions extérieures à nous et indépendantes de notre sensibilité.

Cependant, la *densité* devrait déjà nous rendre circonspects. La puissance effroyable résultant de la combinaison de très petites portions de corps divers, la prodigieuse énergie toxique révélée par des quantités infinitésimales de matière ne devraient-elles pas préparer à des conceptions moins enfantines que celle de la force se développant toujours et partout parallèlement au volume et au poids ?

Les propriétés des aimants, par exemple, sont singulièrement propres à donner un caractère positif à l'opinion que la vigueur mentale *pourrait* ne pas se comporter comme la vigueur musculaire.

Soit un barreau de fer doux entouré d'un fil de cuivre. Si on fait passer un courant électrique, le barreau devient magnétique ; si on interrompt le courant, le barreau perd sa vertu attractive. Or, à l'état magnétique, le barreau a même poids qu'à l'état non magnétique, et le microscope ne révèle aucun changement intime.

Si à l'un des plus forts aimants actuels portant 300 kilogrammes on ajoute successivement des poids, il peut porter 800 kilogrammes. Et cependant aucune modification *apparente* en poids, volume ou composition chimique ne s'est produite dans l'aimant.

Comment, après la constatation de pareils faits, oserait-on affirmer *a priori* que la pensée doit *nécessairement* avoir un équivalent mécanique, chimique, etc., appréciable par nos instruments.

Dans leur orgueil scientifique, non exempt de naïveté, certains hommes croient déjà pouvoir faire tenir toute la vérité dans une cornue, sous le microscope ou sur le plateau de la balance !

On connait la matière — la matière ? Un mot ! — sous trois ou quatre états. On sait que de l'étude de la matière, sous son aspect solide, il n'était pas possible de déduire certains phénomènes récemment observés à l'état radiant.

Or, qu'est-ce que le mental ? Nul ne peut répondre.

Supposons que ce soit un cinquième état de la matière : l'état psychique. Rien, pas même l'analogie, ne permet de formuler la loi des rapports des phénomènes mentaux avec les phénomènes physiques.

Le Cailletet qui, par refroidissement, pression ou autre manière, condensera de l'intelligence et la rendra successivement radiante, gazeuse, liquide et solide se fera longtemps attendre sans doute.

D'après l'hypothèse de Spencer, Maudsley, etc., le mental serait un épiphénomène venant on ne sait d'où et sans rapport nécessaire avec les phénomènes physiques.

Selon les spiritualistes, l'esprit échapperait aux lois de la matière.

Si l'on dit avec M. Fouillée que l'idée est une force se multipliant elle-même par la conscience et la réflexion et surtout par le sentiment de la liberté, on conçoit un dynamisme mental pouvant s'affranchir de la permanence de la force.

En résumé, le matérialiste part d'une hypothèse qui, jusqu'à ce jour, n'a pas été vérifiée ; le spiritualiste part d'une hypothèse inverse, mais également invérifiée.

D'ailleurs, la cellule idéogène n'est point connue.

Comment donc apprécier scientifiquement la pensée si l'on ignore ce qui est la condition nécessaire de son activité. Sait-on la propriété d'une des parties constituantes d'un liquide lorsqu'on a pesé ce liquide ou calculé la capacité du tonneau qui le renferme ?

Bien plus, lors même que serait parfaite la physiologie de la cellule qui pense ou qui sert de signe sensible à la pensée, il serait encore impossible d'apprécier la qualité des opérations mentales. Nous l'avons démontré au *chapitre II*.

En présence de cette impuissance radicale de mesurer actuellement la valeur de l'esprit, il faut décidément admirer la superbe assurance des auteurs qui, « grâce aux études contemporaines sur le cerveau » prétendent faire la démonstration scientifique, c'est-à-dire *définitive* de l'incurable infirmité intellectuelle de la femme.

CHAPITRE V

Les Actes et l'Intelligence.

La Signification des actes. — Les actes ne sont pas les purs signes de la meilleure adaptation de l'individu au milieu.

CHAPITRE V

LES ACTES ET L'INTELLIGENCE

La Signification des actes. — Les actes ne sont pas les purs signes de la meilleure adaptation au milieu.

Les femmes n'ont ni le sentiment ni l'intelligence de la musique, pas plus que de la poésie ou des arts plastiques...

Mais que peut-on attendre de mieux de la part des femmes si l'on réfléchit que dans le monde entier, ce sexe n'a pu produire un seul esprit véritablement grand, ni une œuvre complète et originale dans les beaux-arts, ni, en quoi que ce soit, un seul ouvrage d'une valeur durable...

« Des exceptions isolées et partielles ne changent rien aux choses ; les femmes sont et resteront, prises ensemble, les Philistins les plus accomplis et les plus incurables » (1).

Voilà le grand argument contre la femme ! Feuilleton-

______
(1) Schopenhauer. *Pensées et fragments* (trad. J. Bourdeau).

nistes, psychologues et philosophes l'accommodent à toutes les sauces : les uns le tournent en brocard, les autres
en déductions syllogistiques à livrée de science.

La science ! Comme chacun en a plein le verbe ; et
quel beau passeport pour les paradoxes !

Examinons de près ces dogmatiques affirmations et
tâchons d'en dégager la valeur réelle. Voyons si, comme
le pensait le philosophe allemand, il est permis de
conclure des actes passés à des actes identiques dans
l'avenir ; si de la femme des siècles écoulés, il faut
nécessairement déduire une femme toujours la même
dans les temps futurs ; s'il ne devrait y avoir au monde
que des femmes formées au « travail et à la soumission » ; si cet idéal répond aux besoins sociaux des
humains et s'il n'est pas au contraire tout à fait incon-
ciliable avec les lois de l'évolution.

Et d'abord essayons de nous rendre compte de la
signification des actes.

Si nous voulons considérer l'acte sous son aspect le
plus primitif, le plus simple, nous le trouverons dans la
réponse physiologique de la cellule aux excitants externes, nourriture, lumière, température, pression, etc., et,
d'une manière plus complexe, dans la résultante —
forme, volume, poids, couleur, etc. — des réactions de
l'agrégat cellulaire qui constitue un être vivant.

Chez les animaux inférieurs à peu près dépourvus,
en apparence, de vie mentale, les réactions physiologiques peuvent être assimilées à des réactions chimiques toujours les mêmes dans des conditions défi-
nies de nourriture et d'habitat. Nous pensons que tout
est animé ; que tout phénomène physiologique est pré-

cédé d'une certaine appétition de l'être et s'accompagne de conscience plus ou moins obscure; mais dans les cas que nous envisageons la quantité d'intelligence est si infinitésimale qu'elle ne saurait modifier d'une manière notable et à brève échéance le résultat de la combinaison organique.

Cependant s'il y a, d'une part, *modification* passive imposée par la puissance impérieuse du milieu, d'autre part, puisque l'individu se développe, s'améliore, se perfectionne à son propre profit, il y a aussi *adaptation* au milieu, progressive, toujours plus volontaire, plus consciente, soit plus spontanée. L'acte n'est plus une simple réaction chimique prévue : une force nouvelle — nouvelle en ce sens quelle devient appréciable — et toujours croissante, la force psychique, en modifie peu à peu le caractère fatal, le rend toujours plus contingent et en diversifie la valeur intrinsèque et les conséquences générales.

Envisageons maintenant l'acte humain. Il ne dérive pas seulement des réflexes somatiques mais aussi des réflexes psychiques ; non seulement de ces doubles réflexes mais en outre de la conscience volontaire et de l'idée de liberté.

Nous voici bien loin du simple phénomène chimique provoqué dans la cellule vivante par l'excitation externe. Un grand nombre de forces — se multipliant en nombre et en intensité avec le progrès de la civilisation — les unes propres à l'individu, les autres extérieures se combinent d'une manière extrêmement complexe pour engendrer l'acte. Et pour connaître la valeur de l'acte en fonction d'intelligence, il faudrait pouvoir préciser la collaboration proportionnelle de chacune de ces forces, chose impossible.

Néanmoins, d'une manière générale, nous savons que l'énergie mentale, consciente et volontaire ne contribue que pour une faible part à la détermination de l'acte, à son orientation, à ses conséquences pour l'individu, la société et la race : l'acte résulte presque toujours, en grande partie, des réflexes somatiques et psychiques, répondant *mécaniquement* aux causes extérieures qui, selon l'expression de Spinoza, surpassent par leur force celle par laquelle l'homme persévère dans l'existence.

Considérés pour une longue période, les actes humains sont sans doute la mesure approximative de la forme, du degré d'adaptation de l'individu au milieu social et cosmique ; mais dans une société très complexe, tirant ses diverses manifestations de l'expansion aveugle de la vie et non point de la raison, de la logique, les actes, dans un tel milieu, ne sauraient signifier déjà les *qualités virtuelles* de l'esprit, ses *possibles ultérieurs* ; même durant les premiers étages de la civilisation, l'exertion volontaire de la force mentale s'évanouit, en quelque sorte, dans la masse confuse des œuvres sociales.

Aussi est-il difficile de concevoir que des auteurs très remarquables aient poussé l'aberration jusqu'à vouloir déterminer *définitivement* la valeur mentale de la femme, en considérant quelques actes, si peu significatif d'intelligence, accomplis naguère en une minute de l'évolution éternelle.

Bien plus, on prétend aussi connaître d'une manière

fort précise *l'aptitude* et, conséquemment, la valeur psychique des individus en étudiant leurs organes. Par l'adaptation, l'intelligence se « précipiterait » en organes appropriés à ses besoins.

Or, il faut remarquer que l'organe ne représente pas seulement une infinité d'expériences de l'intelligence ; il est aussi, morphologiquement, la résultante des réponses absurdes aux existants divers, et de réactions forcées. Les réflexes du plastide sont adéquats à sa conservation ; mais la conscience détruit cette harmonie primordiale. Les organes complexes de l'être humain ne sont pas les *purs* signes de la meilleure adaptation de l'individu au milieu, car ils représentent aussi l'action despotique et confuse des circonstances indifférentes, sinon hostiles à l'hutilité humaine ; et, d'autre part, les actes empruntent leur valeur très variable au degré et à la force de civilisation.

Soit, par exemple, la main : sa structure permet les actes de préhension. Mais la main est susceptible d'accomplir des millions d'actes divers selon le milieu. Plus le milieu sera civilisé plus les actes seront divers.

Si nous considérons maintenant le cerveau où, de l'infinité des combinaisons intellectuelles possibles, chacun peut donner naissance à un prodigieux nombre d'actes d'une variété innombrable, empruntant leur *forme* réelle au milieu ambiant et leur valeur conventionnelle et provisoire au degré de culture des individus, à leurs idées, leurs croyances religieuses, leurs préjugés, leurs opinions diverses, leur idéal moral ; aux institutions, aux relations internationales, etc, ; si nous considérons ensuite l'ensemble des organes dans leurs rapports respectifs avec le cerveau et dans leurs effets d'action et de réaction réciproques ; puis dans les modifications occasionnelles des aptitudes même résultant de ces influences mutuelles ; et enfin si nous envisageons les idées agissant les unes sur les autres et manifestant leur force jusque dans la vie organique, nous nous trouvons en présence d'une si effroyable complexité d'actes possibles et si différents par essence que vouloir retrouver, soit dans l'aptitude des organes, soit dans l'incohérente infinité de ces actes, non-seulement l'intelligence dont ils participent mais encore sa qualité essentielle, fondamentale toujours identique, apparaît comme une tentative puérilement vaine : autant chercher avec une longue-vue, dans l'immense volume liquide de l'Océan, la *nature* du météore dont quelques gouttes d'eau grossirent un matin le cours de la Loire.

Comment à travers les innombrables déviations que les circonstances font subir à la volonté humaine, comment remonter des actes si contingents à l'intelligence en puissance, grosse de l'inconnu de l'avenir.

Il serait pourtant absurde de prétendre que les actes n'ont aucune signification. Considérés dans leur ensemble ils indiquent les divers degrés de l'évolution humaine ; ils marquent peu à peu la part d'influence qu'acquiert la volonté de l'individu ; l'acte se fait plus conscient et plus libre. L'esprit se combine en proportion toujours plus grande à l'enchevêtrement confus et indiciblement divers des causes extérieures et des réflexes individuels. Avec le progrès de l'humanité, l'acte devient toujours plus significatif d'intelligence.

Mais essayons de préciser le caractère général de l'influence du milieu sur la femme dans les temps passés.

CHAPITRE VI

Les Actes et l'Intelligence (suite).

Influence du milieu sur la femme. — Education et hérédité.

CHAPITRE VI

LES ACTES ET L'INTELLIGENCE (*Suite*)

Influence du millieu sur la femme. — Education et hérédité.

Nous avons déjà vu que dans les sociétés primitives, la faiblesse musculaire condamnait la femme à une vie moins intense, moins extérieure, moins déversifiée que celle de l'homme. A mesure que s'adoucissent les mœurs, que des lois de moins en moins grossières s'établissent ; que les actes chaque jour plus intelligents s'affranchissent de la suprématie physique d'une part ; en même temps que, d'autre part, naît l'opinion publique, des préjugés — d'abord inévitables — faussent le jugement de l'homme à l'encontre de sa compagne et empêchent celle-ci de jouer un rôle actif et personnel dans la société.

Ainsi aux causes organiques paralysant l'évolution de la femme, l'homme ajoute l'influence défavorable des sentiments, des idées et des incessantes créations en art et en science.

Et enfin il l'emmaillotte dans le réseau très serré des lois inflexibles. Au sexe masculin, toutes les libertés ;

pour le sexe féminin toutes les prohibitions. D'où, en un mot, milieu tout défavorable à l'affirmation de la moindre originalité de la femme : l'homme n'a qu'à s'abandonner au flot héréditaire qui le porte vers toutes les variétés, vers tous les progrès ; la femme doit lutter contre une fatale hérédité biologique et sociale qui empêche son essor.

La femme sera donc laissée étrangère autant que possible à la vie sociale. Belle, gracieuse, docile, « formée au travail et à la soumission « telle devra être exclusivement la compagne de l'homme.

Ainsi elle évoluera vers un idéal à peu près conçu par *l'homme seul*. Elle acquerra des manières selon le cœur de l'homme, son imagination deviendra très vive, ses sentiments se compliqueront, sa sensibilité s'aiguisera, mais la logique, la raison, la vigueur de la pensée resteront le lot masculin.

La femme vivra exclusivement pour son compagnon ; hochet de l'amour pour le mâle et conservatrice aveugle de l'espèce : ménagère ou courtisane !

Aux époques de foi religieuse on discutera gravement si la femme a une âme ; si elle doit être considérée comme un être raisonnable... Et si, maintenant, la plupart des auteurs se plaisent à reconnaître que la femme l'emporte sur l'homme par sa bonté, sa pitié, ses tendances altruistes, en un mot par l'exquisité de ses sentiments, ils s'empressent d'ajouter qu'elle ne pourra jamais montrer autant d'intelligence créatrice que l'homme (Lombroso et Ferrero, Fouillée, Spencer etc.)

Et pour faire cette démonstration, on invoquera l'expérience et surtout, ainsi que nous le verrons plus loin, de récentes découvertes biologiques.

Un professeur de chimie à l'Université de Genève déclarait doctement, il y a quelques années, que les femmes n'ont pas d'aptitudes pour les sciences parce que dans les manipulations elles cassent plus d'éprouvettes que les hommes. Le Dr Freund, de Strasbourg, dit aussi qu'elles « manquent à un point extraordinaire d'adresse technique » (1). En vérité, voilà une belle preuve ! Il serait oiseux de combattre une telle opinion si elle ne constituait un des mille exemples des tendances qu'ont quelques hommes de laboratoire » à abuser de l'induction dès qu'ils sortent du domaine où ils acquièrent une bien légitime célébrité.

On ne devrait pas oublier que les jeunes filles sont des étudiantes d'hier; que leurs mères ni leurs aïeules ne s'occupèrent jamais d'expériences dans un cabinet de physique et qu'au contraire elles furent élevées pour tout ce qui demande de l'imagination et non de la précision. « L'habitude produit dans les cellules affectées soit *aux opérations mentales*, soit aux mouvements, une orientation nouvelle, qui s'étend d'une partie du corps aux parties similaires par une sorte de contagion. La méthode d'écriture d'Audoyer consiste en ce que l'élève repasse avec la plume au moins vingt fois de suite sur les lettres tracées au crayon; le physiologiste Weber a observé chez ses enfants que la main gauche apprenait un peu à écrire en même temps que

(1) Selon le Dr Johannes Orth, directeur de l'Institut pathologique de l'Université de Goettingue, les femmes sont, au contraire, beaucoup plus adroites de leurs doigts que les hommes.

Arvède BARINE. *Progrès du féminisme en Allemagne* (*Journal des Débats*, 2 décembre 1896).

la main droite, mais écrivait à rebours : il a donc fallu que la partie droite du cerveau s'exerçat sans que la main gauche fît de mouvement et que l'habitude s'étendît par contagion d'un hémisphère à l'autre. Une contagion analogue peut s'étendre par *hérédité du cerveau des parents à celui des enfants* (1), c'est ce qui fait revenir l'accent paternel et ancestral dans la voix des sourds-muets; c'est ce qui fait aussi reparaître dans certaines familles des *traits caractéristiques d'écriture* (2) ».

Faut-il maintenant s'étonner avec le bon professeur genevois de ce que les étudiantes soient moins *adroites* que les étudiants dans les manipulations de physique et de chimie ?

On objectera peut-être avec M. Ernest Naville qu' « il n'existe pas de génération de femmes se développant parallèlement à celles des hommes » (3); mais nous répondrons qu'un parent est bien plus sujet à transmettre les défauts de conformation et les maladies aux enfants de son sexe qu'à ceux de l'autre sexe (4), et il est probable que l'hérédité s'étend non seulement à toute la mémoire physiologique, mais aussi aux qualités mentales. M. Th. Ribot, écrivait récemment : « C'est une opinion assez répandue dans le monde que l'hérédité *croisée* est la règle, que la fille tient du père et que le fils ressemble à la mère, en général. Rien ne justifie cette hypothèse, quoiqu'elle ait été soutenue par beau-

(1) Non souligné dans le texte.
(2) A. FOUILLÉE, *Évolutionnisme des Idées forces.* p. 215.
(3) Ernest NAVILLE. *La condition sociale des femmes*, p. 13.
(4) H. SPENCER. *La Science sociale*, p. 107.

coup d'auteurs (Buffon, P. Lucas, etc.) Les recherches statistiques, quelque imparfaites et limitées qu'elles soient, ne sont guère favorables à l'opinion commune et vont plutôt dans le sens contraire. Ainsi, en ce qui concerne les maladies mentales, sur 571 cas, Baillarger en trouve 325 directs et 246 croisés. Galton, d'après d'autres documents tirés des cas normaux, va plus loin encore : 70 0/0 directs, 30 0/0 croisés » (1).

Cependant, quelle que soit la valeur de ces observations, elles ne sont pas concluantes, car on n'a pas trouvé la *loi* de l'hérédité. La transmission par les parents n'est d'ailleurs qu'un des nombreux facteurs de l'individu. Ce facteur est très important, mais il ne prédomine pas toujours sur l'influence du milieu. De bonnes graines périssent et végètent mal sur un terrain réfractaire. Et il en est ainsi pour tout être humain au physique et au moral. Voilà la règle générale.

Les abeilles et les fourmis offrent d'ailleurs un exemple d'hérédité bien extraordinaire et qu'on pourrait appeler l'*hérédité par le milieu*. Les neutres, à chaque génération, *héritent* les instincts des neutres antérieurs, bien que ceux-ci ne puissent se reproduire ! C'est là un fait. D'après M. Fouillée, « il faut supposer à l'origine une fécondité générale sans insectes stériles. Encore aujourd'hui la reine ne pond pas des œufs qui doivent nécessairement tous devenir des abeilles neutres ou ouvrières ; les mêmes œufs peuvent devenir des reines fécondes ou des ouvrières stériles suivant la nourriture qui est donnée aux larves. Tout apiculteur

(1) Th. Ribot, art. Hérédité dans la *Grande Encyclopédie.*

un peu expert sait que, lorsque la reine disparaît par une raison quelconque, la ruche en refait une avec une larve éclose depuis trois jours et qui était destinée à devenir une ouvrière... L'ouvrière n'est donc qu'une femelle imparfaitement développée, mais *capable à son origine* (1) d'un développement complet (2). »

Nous voyons par là que chez ces insectes un *certain milieu* attend les larves et en fait, selon le cas, des ouvrières ou des reines ; ainsi s'affirme d'une manière éclatante la puissance souveraine du milieu.

L'homme avait la force, et cette suprématie lui assura la raison ; la femme eut la souplesse, fille de la minorité physique, et la spontanéité d'une grâce imprévue, toujours mobile. L'homme, voulant d'ailleurs conserver le monopole de la précision dans la pensée et dans les actes, éleva la femme de manière qu'elle acquit des qualités contraires : d'où imagination très vive, jamais maîtrisée par la froide raison. « Les femmes sont faites pour commercer avec nos faiblesses, avec notre folie, mais non avec notre raison », dit Chamfort.

La suprême distinction, la plus séduisante grâce, consistèrent pour elle à se faire remarquer par une certaine gaucherie — combien délicieuse ! — dans tout ce qui se rapportait aux travaux exclusivement masculins. Dès qu'elle touchait à un appareil dont le maniement fut toujours réservé à l'homme, le pli de l'éducation, le désir naturel et acquis aussi, le besoin impérieux de plaire au mâle qui est *partout le maître*, tout concou-

(1) Non souligné dans le texte.
(2) A. FOUILLÉE. *Évolutionisme des Idées forces*, p. 222.

rait à donner à ses mouvements cette imprécision d'où rayonne pour l'homme un indicible charme. En réalité, cette imprécision d'apparence organique a sa principale source — provisoire — dans l'orgueil masculin ainsi tacitement flatté.

Pendant des siècles, la femme cultiva surtout son imagination — les quelques exceptions confirment la règle — exerça son esprit et la dextérité de ses mains dans les arts d'agrément. Peu à peu, elle adapta ainsi harmoniquement la mobilité, la souplesse, la délicatesse extraordinaire de ses doigts aux caprices sans cesse variés de sa divine fantaisie. Voyez la mode ! Rien de plus toujours et continuellement modifié que la forme, les nuances, les plis, les combinaisons de couleurs, de dessins, de rubans, de qualités d'étoffes dans la confection des robes, des chapeaux, des mille objets de toilette qui donnent à la femme sa ravissante multiplicité d'aspects, parent sa beauté composite de prestigieuse grâce, font émaner de ses appas une si ensorcelante fascination.

Et pour tous ces travaux féminins, il ne faut pas de la précision clichée, mais des mouvements protéiformes, essentiellement et spontanément modifiables au gré du caprice qui crée sans cesse une *nécessité* nouvelle de *mouvements nouveaux.*

Ainsi, un *milieu spécial* et toujours *sensiblement* le *même*, attend l'enfant du sexe féminin.

Par-dessus tout, on inculque à la jeune fille la retenue, la crainte, la timidité, l'esprit de soumission, l'acquiescement crédule ; on évite de nourrir son esprit de pensées fortes et fécondes. Si la femme apprenait à réfléchir, non plus comme un miroir mais comme l'homme, elle jetterait sa note personnelle dans le concert de la vie humaine ; quel danger !

Heureusement que, depuis Aristophane jusqu'à Molière, des auteurs célèbres ont flagellé du tout-puissant ridicule les femmes qui voulurent se hausser au niveau de l'homme !

Donc, pour la femme, goûts frivoles, légèreté dans la conversation, culture de l'esprit-fusée et point de l'esprit-faculté. En un mot, éducation selon un idéal immobile, toujours le même, partout le même ; plaire futilement à l'homme et lui être soumise, c'est-à-dire manifester toujours une absence complète d'originalité en tout ce qui constitue le fond sérieux de la vie. Et ainsi depuis la Bible jusqu'au Code civil, depuis Moïse jusqu'à Napoléon ! Depuis l'origine des Sociétés, à chaque nouvelle génération, la femme se trouve enfermée dans un cercle de préjugés, d'habitudes, de lois, de mœurs toujours identiques qui lui inculquent invinciblement les mêmes besoins, les mêmes idées, les mêmes tendances et ne laissent de place que pour les mêmes possibles, les mêmes actes. L'homme *seul*, suivant sa manière de sentir, suivant la conception de son propre bonheur, de l'harmonie sociale, en un mot selon son idéal de la vie, fait naître cet ensemble de circonstances puissantes, impérieuses qui coulent la femme dans le même moule, éternellement.

D'une manière générale, le milieu a une grande influence sur les animaux supérieurs et dans l'humanité, le rôle de l'éducation sur l'individu croît avec la civilisation. Les exemples abondent. Choisissons-en un

très probant dans un beau livre de M. Le Dantec :
» Voici un Annamite qui parle annamite et qui, ayant
construit son appareil vocal (centres nerveux + larynx)
en parlant annamite, ne peut articuler le français. Prenez
son fils à sa naissance et transportez-le en France, il
construira son appareil vocal en parlant français et
aura par conséquent un appareil vocal tout différent de
celui de son père ; il aura certains caractères qui le feront
reconnaître pour Annamite, mais il n'aura pas l'organe
vocal caractéristique de sa race ; voilà donc un caractère
morphologique qui est le résultat de l'éducation et non
de l'hérédité. » (1).

Néanmoins, couvrant leur étonnement du manteau de
la philosophie, nombre d'auteurs s'écrient d'un air de
conviction profonde : Voyez ! la femme est essentiellement inférieure puisque dans l'ordre de la pensée —
où elle ne pourrait rencontrer d'obstacles extérieurs !!!
— elle n'a réalisé aucune de ces merveilles dont l'homme
est légitimement fier ! Mais pourquoi ne pas trouver
singulier que les êtres qui exercent peu leurs yeux aient
leur vue moins perçante que celle de l'aigle ?

Si quelque chose doit exciter l'étonnement, c'est que
malgré ces influences accumulées, se stabilisant peu à
peu dans l'organisme, imprimant leur trace indélébile
dans les moindres détails de l'existence sociale quotidienne — éducation, mœurs, habitudes, costumes, coutumes, préjugés, respect humain, littérature légère et
sérieuse ; philosophie, psychologie, science — et affir-
mant, multipliant leur force, la rendant despotique au

____

(1) LE DANTEC. *Théorie nouvelle de la Vie*, p. 304.

premier chef en prenant le caractère violent de la *léga-lité*, c'est que l'histoire mentionne un grand nombre de femmes qui se sont immortalisées dans la science, les lettres, les arts, le courage ou la haute valeur morale, la guerre même, ou qui sont devenues les chefs suprêmes des peuples. (1).

Et si l'on compare — en égard aux difficultés qu'elles rencontraient — la pléiade des femmes qui se sont illustrées par leur valeur mentale, au nombre d'hommes célèbres qui, eux, n'avaient relativement que peu de difficultés extérieures à vaincre, on ne peut s'empêcher de voir là le signe très sûr de l'excellence de la nature féminine et de son invincible perfectibilité. MM. Lombroso et Ferrero (2) prétendent que pour les femmes, les entraves du milieu ne sont pas plus grandes que celles de la pauvreté autour d'un génie masculin. Cette opinion révèle une étrange confusion. MM. Lombroso et Ferrero confondent les difficultés extérieures, accidentelles et temporelles avec les empêchements internes, organiques, amenés par les inhibitions que la suprématie physique détermina autour de l'activité

---

(1) Dans notre volume *La Femme devant la science contemporaine,* nous avons indiqué, à titre d'exemples, quelques noms de femmes célèbres. Mais, depuis cette publication, des ouvrages nouveaux ont donné des biographies fort complètes des femmes illustres. Dans l'impossibilité où nous serions ici de faire connaître d'une manière un peu exacte le panthéon féminin, nous renvoyons le lecteur aux recueils spéciaux, notamment à : A. Rebière, *Les Femmes dans la science* (2e édition) ; — La Revue encyclopédique (Larousse), *Les Femmes et les féministes* (28 novembre 1896).

(2) *La Femme criminelle et la prostituée.*

mentale de la femme depuis l'origine de l'espèce. Peut-on sérieusement comparer des embarras fortuits d'existence pratique à des difficultés psychiques rendues intrinsèques et permanentes par l'évolution ?

Après avoir suivi nos contradicteurs dans les détails où l'on se perd facilement si l'on ne s'élève ensuite au-dessus pour en embrasser l'ensemble d'un regard, il faut observer que l'influence souveraine du milieu sur la femme se réfère aux lois bien établies de l'imitation (1) et de la suggestion (2) : les faibles imitent fatalement les forts. Et les forts, d'abord inconsciemment, ensuite de propos délibéré, veulent imposer par leurs actes leur manière de voir, s'ils n'ont pas un sens très net de la justice.

(1) E. TARDE. *Les Lois de l'imitation.*
(2) GUYAU. *Éducation et Hérédité.*

CHAPITRE VII

Les Actes et l'Intelligence (suite)

Le génie est-il un fruit de l'évolution ?

CHAPITRE VII

LES ACTES ET L'INTELLIGENCE *(Suite)*

Le génie est-il un fruit de l'évolution ?

« Une originalité puissante est chose rare, jusqu'à présent, dans les œuvres des femmes, qu'il s'agisse de la littérature ou des arts et, parmi les arts, de celui qu'elles cultivent le plus, la « musique. » (1)

Nous sommes vraiment fâché de trouver cette opinion superficielle chez le très subtil et très vigoureux penseur qu'est M. Fouillée.

Les femmes, en effet, s'occupent beaucoup de musique, c'est-à-dire *exécutent* beaucoup ; mais quel rapport y a-t-il entre l'exécution et la composition ? Celle-là demande de la mémoire mentale et surtout physiologique ; celle-ci exige une culture profonde des facultés créatrices de l'esprit. La création en musique, comme

(1) A. Fouillée. *Tempérament et Caractère.*

7 L

en n'importe quel art, suppose un perfectionnement — résultat d'un exercice héréditaire — du substrat même de l'intelligence, et nous avons déjà vu que depuis l'origine de l'espèce, la femme fut naturellement et systématiquement empêchée de développer son esprit-faculté. Ce n'est donc pas en exécutant beaucoup de musique — exécution qui intéresse seulement l'automatisme psychologique et physiologique — que la femme pourrait développer son imagination créatrice.

Aussi bien pour réduire à néant l'objection que M. Fouillée a reprise après tant d'autres auteurs et que l'on croit si forte, il suffit de citer les propres paroles de l'éminent philosophe. « Le génie est une dépense de force en vue d'une adaptation nouvelle de l'homme au milieu social et cosmique. Il suppose la puissance et l'audace de la volonté qui s'élance vers l'inconnu de l'avenir. Plus ou moins révolutionnaire et conquérant, il n'a souci ni des résistances possibles et probables, ni des opinions reçues, ni des traditions séculaires... La femme eût-elle la puissance d'effort cérébral nécessaire à ces conquêtes, il y a une retenue, une modestie, une timidité naturelle qui l'arrêtent : elle sent que ce n'est pas son rôle (1). »

Oui, tout est là : « elle sent que ce n'est pas son rôle ! »

L'homme pensa toujours que la femme est exclusivement faite pour procréer des enfants et point pour créer dans l'ordre intellectuel. Cette idée masculine fut si forte, elle manifesta son influence d'une manière si

____

(1) A. FOUILLÉE. *Tempérament et Caractère.*

magnétique à traver les paroles, les actes, les institutions, que par « induction psychique » par la suggestion des phénomènes sociaux et de la *force* exerçant son despotique empire de mille façons ; la femme fut amenée à penser aussi qu'il ne lui convient pas d'avoir du génie, ni même *d'essayer* d'en avoir.

La psychologie expérimentale a montré que toute idée est un commencement d'acte : donc toute idée qui est la conscience d'une impossibilité est inhibante. Et si l'idée se transforme en sentiment, sa puissance d'arrêt s'accroît, devient irrésistible.

Or, dit M. Fouillée, la femme « sent que ce n'est pas son rôle » d'avoir du génie, de s' « élancer vers l'inconnu de l'avenir », c'est-à-dire de créer en art ou en science. Ce n'est point l'illustre auteur de l'*Evolutionisme des Idées forces* qui saurait contester l'influence profondément défavorable d'une pareille idée ou d'un pareil sentiment sur toutes les tentatives artistiques des femmes. C'est en vain que, se référant à cette définition : « l'idée est la conscience claire de la force et de ses rapports avec les autres forces (1) » on voudrait soutenir que si la femme a l'idée de son incapacité, cette incapacité doit être réelle ; car nul ne peut s'empêcher de reconnaître, d'une part, que des idées fausses — c'est-à-dire représentant des rapports imaginaires — suggérées à des sujets qui les admettent comme vraies, finissent par manifester leur force, tout comme les idées vraies ; et, d'autre part, que l'idée d'incapacité ou de non convenance dont la femme est hantée prend le caractère

____

(1) A. FOUILLÉE. *Évolutionisme des idées forces,* p. 296.

d'une prodigieuse somme de suggestions séculaires et dérivant toutes, en dernière analyse, de l'évidente suprématie masculine de l'homme, c'est-à-dire d'un principe dont l'évolution sociale tend déjà à montrer la fausseté.

Ainsi sont nées « cette retenue, cette modestie, cette timidité » que M. Fouillée qualifie de « naturelles » et qui ne sont que l'accommodation à un milieu despotique, d'ailleurs provisoire. « Le génie n'a souci ni des résistances possibles, ni des opinions reçues, ni des traditions séculaires », assurément ; mais combien d'hommes se sont-ils trouvés dans un milieu aussi invinciblement, aussi totalement hostile que celui qui transforme la femme en sisyphe de l'originalité ?

L'homme aurait-il fait preuve de la même originalité puissante si, comme la femme, il eût été à la fois soumis et naturellement lié à un individu omnipotent ; s'il eût senti son activité prise dans les rêts des prohibitions multiples que ce « maître » aurait tissées avec obstination dès l'aube des sociétés humaines ?

Nul n'oserait le soutenir.

M. Fouillée ajoute : « Nous n'oublions point qu'il a existé une Jeanne d'Arc, mais il a fallu la voix des saintes pour entraîner la jeune paysanne aux batailles ». — Socrate n'avait-il pas son démon ?

Et, d'ailleurs, en quoi la voix des « saintes » ou les suggestions du « démon » peuvent-elles, au regard de l'esprit philosophique, diminuer la valeur personnelle de Jeanne d'Arc et de Socrate ?

Ce qui est merveilleux, c'est que nombre de femmes aient pu se dégager des « traditions séculaires », franchir d'un seul bon *tous* les obstacles que l'homme mit une infinité de générations à surmonter; et aussi *d'autres obstacles* nés du prestige de la force et que le sexe masculin ne rencontra jamais sur la route de son évolution.

Ainsi, par exemple, Sophie Kovalewski a-t-elle eu « souci des résistances possibles, des opinions reçues? » Elle quitta la maison paternelle à 18 ans; se maria de sa propre initiative, malgré son père, non point par passion sensuelle — le mariage resta fictif pendant plusieurs années — mais afin de pouvoir suivre les cours des universités (1). En 1888, l'Académie des sciences lui décerna le prix Bordin à l'unanimité.

M. Darboux, un des premiers géomètres de notre temps, disait de Mme Kovalewski que son nom sera placé à côté de ceux d'Euler et de Lagrange dans l'histoire des découvertes relatives à la théorie d'un corps solide autour d'un point fixe. Kronecker déclare que « l'histoire des mathématiques » parlera d'elle comme d'une des plus rares investigatrices (2).

Et Sophie Kovalewski était restée très femme par le besoin d'être admirée, choyée, aimée. Ceci soit dit pour répondre à MM. Lombroso, Ferrero (3) et Sergi (4) qui assurent que les femmes de génie présentent les caractères masculins.

La véritable originalité est chose rare, très rare —

(1) *Souvenirs d'enfance de Sophie Kovalewski, suivis de sa biographie* par Mme Ch. Leffler. (Paris, Hachette, 1895.)

(2) Rebière. *Les Femmes dans la science* (2ᵉ édition, p. 166).

(3) Lombroso et Ferrero. *La Femme criminelle.*

(4) Sergi. *Se vi sono donc di genio.*

même parmi les hommes ; ne soyons pas dupes des apparences. En littérature, trois ou quatre hommes par siècle ; deux ou trois en philosophie, en sciences, en art. Tous les autres, bien qu'ils occupent une place honorable dans la galerie historique, ne sont que des imitateurs : ils font des variations sur un thème connu.

L'homme, cependant, est servi le plus souvent à merveille par sa nature, l'intransigeance sociale, l'hérédité, l'éducation, la liberté, la confiance qui naît de la suprématie physique, de la maîtrise consacrée par les lois, la religion, la philosophie, affirmée aussi par la science ; toutes choses qui jettent des coefficients prodigieux devant son énergie mentale et le poussent invinciblement vers les plus riches variétés.

Mais si la femme s'est montrée peu originale dans le domaine où il lui était interdit d'entrer, c'est-à-dire dans les choses sérieuses, il faut reconnaître qu'elle manifeste une inépuisable imagination créatrice dans tout ce qui, de par *la volonté masculine convient à son sexe.* N'invente-t-elle pas, ne crée-t-elle pas sans cesse dans l'art de la toilette ?

En Amérique, où elles ont conquis la liberté, les femmes se signalent surtout par le nombre et la variété des inventions d'objets utiles aux travaux domestiques. Elles perfectionnent aussi les machines, les wagons, les locomotives, etc (1).

Nous ne saurions résister au plaisir de citer un argument que MM. Lombroso et Ferrero donnent sérieusement pour démontrer que la femme manque d'essen-

____

(1) Marie Dugard. *La Société américaine.*

tielle originalité. « D'une expérience tentée par le docteur Jastrow, sur vingt-cinq étudiants et vingt-cinq étudiantes en psychologie, consistant à faire écrire à chacun, en un temps donné, cent mots, tels qu'ils se présenteraient par association à leur mémoire, il résulte que les étudiantes employèrent 1.123 (44,9 %) mots différents, dont 520 (20,8 %) mots uniques et les étudiants 1.375 (55 %) mots différents, dont 746 (29,8 % uniques. »

Pour que cette expérience fut démonstrative, il faudrait : 1° savoir s'il y a un rapport entre la vitesse d'expression et l'originalité ; 2° s'il y a une relation réelle entre la valeur mentale et la richesse du vocabulaire. Mais MM. Lombroso et Ferrero ne se piquent point de trop de rigueur, et c'est avec une singulière sérénité qu'ils concluent : « Chez les femmes il existe donc un fond plus large d'idées communes et, par suite, une plus grande monotonie. Cette expérience est d'autant plus concluante que, hommes et femmes, étudiant les mêmes sciences, le coefficient d'une diversité de culture était éliminé (1). » N'est-ce pas que c'est joli ? Le coefficient d'une diversité de culture, depuis l'origine de l'espèce *entre les sexes* est éliminé parce que *vingt-cinq jeunes hommes et vingt-cinq jeunes filles* se livrent aux mêmes études depuis quelques mois ! MM. Lombroso et Ferrero se moquent. D'autre part, si la richesse du vocabulaire est le signe de l'originalité mentale, combien de génies infiniment supérieurs à Racine ne trouverons-nous pas parmi nos décadents les plus « abscons »

(1) *La femme criminelle,* p. 169.

qui, après des années de labeur ont réussi à caser tout le Littré dans leur mémoire. A côté de ces vivants « dictionnaires complets », l'auteur d'Athalie fait pauvre figure ; on sait, en effet, qu'il n'employa que 1.500 mots.

Cependant, on soulève encore une objection grave, Nous vous accordons, dit-on, que le milieu ait empêché l'ensemble du sexe féminin de se développer comme l'ensemble du sexe masculin. Mais il y a quelque chose dans l'humanité qui échappe aux conditions de milieu : c'est le génie. « A un certain degré, très rarement atteint, la faculté pensante, la faculté inventive, la faculté créatrice, ne dépend plus du tout des entours. Elle est parce qu'elle est, elle éclate (1). » Et s'il n'y a pas eu de grand génie féminin, ce n'est pas le milieu qui est responsable, mais la nature même de la femme.

Une telle objection, faite par un critique aussi sagace que M. Faguet, vaut la peine d'être examinée de près.

Aussi bien, à l'abord, semble-t-elle capitale et propre à ruiner notre théorie sur le rôle souverain de la force physique durant les étapes inférieures de l'évolution.

M. Faguet, en effet, croit que l'intelligence a été la reine de l'humanité dès l'origine de l'espèce, et que les Fultons préhistoriques qui inventèrent le feu, l'arc, la charrue et la roue étaient tout simplement des prodiges d'intelligence auprès desquels les Leibniz paraissent d'assez petits garçons.

M. Faguet, par cette profession de foi nous semble constituer une bien curieuse exception. Il doit être à peu près le seul aujourd'hui à affirmer qu'il y a des effets

(1) Émile FAGUET. *La Femme devant la science. (Journal des Débats.* 12 décembre 1895.)

sans cause : d'un léger trait de plume, il se débarasse du déterminisme qu'invinciblement supposent les formes.

Galilée aussi était seul contre le monde entier; mais Galilée proclamait une vérité nouvelle, tandis que M. Faguet soutient un vieux préjugé qui ne saurait subsister devant le spectacle de l'évolution mentale des êtres, devant le progressif agrandissement de l'intelligence humaine, c'est-à-dire de l'intelligence appliquée, car au point de vue social, nous ne pouvons considérer que celle-là et toutes les discussions — d'ailleurs stériles — sur les facultés virtuelles doivent être abandonnées à la scolastique.

C'est considérer l'histoire d'une manière superficielle que de rendre exclusivement et directement responsable tel ou tel génie des modifications profondes dans la marche du monde.

Juger de la sorte, n'est-ce pas imiter un observateur qui, regardant, par une nuit obscure, un vaste panorama, dont les points culminants seraient seuls visibles, soutiendrait que ces sommets n'ont pas une base indispensable dans l'ombre ?

Or, pour M. Faguet, semble-t-il, les découvertes de Newton, d'Edison, de Pasteur..., n'auraient point été préparées : les génies surgissent « sans cause » et créent sans s'appuyer sur rien. C'est comme dans les contes des *mille et une nuits!*

Mais serrons l'objection de près et, pour cela, rappelons ce que nous avons dit au *Chapitre I* sur la manière dont l'intelligence se manifeste.

L'intelligence d'un individu, quelle qu'elle soit en puissance, ne peut être *connue* d'un autre individu que par des signes, des actes, des réalisations sensibles.

Or, dans les sociétés primitives, la plus grande force musculaire correspondait nécessairement à la plus grande possibilité *d'agir*, c'est-à-dire d'inventer au moyen des essais, des tâtonnements successifs et infinis. Et à mesure que les hommes agissent, croissent les possibles et, avec ceux-ci, les inventions. Aussi est-il illogique et contraire aux résultats de l'observation de croire qu'un homme tout seul fasse de grandes découvertes. Le feu ne fut pas découvert un beau jour par *un* homme. En lançant une pierre contre une autre les premiers hommes dûrent remarquer les étincelles que le choc faisait jaillir ; le feu dut s'allumer parfois sous le frottement de deux branches sèches agitées par le vent... Et, ce ne fut qu'à la suite d'une infinité de hasards et progressivement d'expériences de plus en plus voulues, de plus en plus réfléchies que nos ancêtres apprirent à faire du feu : les allumettes sont d'invention récente ! Les plus merveilleux génies ont eu d'innombrables collaborateurs plus ou moins anonymes. Le progrès ne s'accomplit que par la méthode d'approche à laquelle l'humanité entière collabore depuis l'origine de l'espèce. Toute la suite des hommes, pendant le cours de tant de siècles, dit Pascal, doit être considérée comme un même homme qui subsiste toujours et qui apprend continuellement.

Mais l'histoire, filet à très larges mailles, ne retient que les grands aspects des conquêtes de l'intelligence. Et notre jugement se fausse.

Il a fallu plusieurs centaines de siècles pour que

l'humanité s'épanouit si richement en la civilisation égyptienne ; environ cinquante pour que les Grecs parvinssent à éblouir l'univers de l'éclat de leurs arts et de leur littérature et voici qu'en moins de vingt, des barbares, rassemblant et transformant les débris épars des diverses civilisations évanouies, s'avancent sur le seuil d'une nouvelle phase de l'évolution dont on ne saurait prédire l'originale splendeur lointaine.

Mais considérant simplement l'époque présente, nous pouvons dire qu'un Grec du siècle de Préciclès n'aurait pu se réaliser ni même concevoir la locomotive, le téléphone, la machine à imprimer ; inventer la théorie microbienne, les anesthésiques ; découvrir et appliquer les rayons *x*, etc. Il lui était surtout impossible d'avoir nos sentiments de charité, *d'humanité.*

Et non-seulement le génie s'appuie sur les créations précédentes, mais il profite aussi des réserves psychologiques amassées par les générations antérieures. Le génie, comme toute qualité humaine extériorisable est soumis à des conditions physiologiques, psychologiques, sociales et telluriques. Les expériences innombrables des individus ne se convertissent pas à l'instant ni sans déchet, en habitudes et en phénomènes de conscience stables : ce n'est qu'après une infinité d'essais répétés qu'une partie de l'expérience s'organise en instincts fixes et en concepts de plus en plus abstraits, de plus en plus vivaces. Tout le reste se précipite dans le sommeil de l'inconscient et constitue l'obscure réserve de l'espèce, le fertile humus des ultérieures floraisons mentales. Malgré les éclipses de la conscience individuelle, rien ne se perd :

ce qui a été est et sera sous des espèces diverses. Mais l'individu ordinaire ne recueille qu'une petite portion visible des gains de l'activité antérieure et de la sienne propre, tandis que la race emmagasine et conserve la totale expérience. Aussi l'hérédité apparaît-elle comme un aspect particulier de la loi de conservation de l'énergie que les physiciens jugent universelle.

Et lorsqu'il se rencontre un ensemble de conditions nécessaires — résultante de l'évolution — tout à coup surgit un individu chargé de victualités qui fatalement vont éclore : voilà le génie. Et ce génie et les puissances qui le composent, sont les fruits du labeur immense de l'humanité entière qui, depuis son origine, sans se lasser, expérimente toujours.

Cela ne montre-t-il pas pourquoi pendant la subordination de la femme à l'homme, les génies éclatants furent surtout masculins ?

Nous ne pouvons donc accorder à M. Faguet que l'intelligence des Fultons préhistorique fût supérieure à celle de Leibniz ou de Pasteur.

L'ethnographie, la psychologie et l'histoire nous montrent l'agrandissement de la conscience humaine comme un phénomène indéniable (1).

Les vestiges de la splendeur égyptienne, témoignent de la force mentale de ces peuples antiques ; mais dans la civilisation gréco-romaine, les lettres et les

____

(1) Voir notamment les œuvres suivantes de M. RIBOT: *La Psychologie des sentiments ; L'Évolution des idées générales.*

arts révèlent un goût plus pur, un idéal plus beau. Cependant le sentiment d'humanité n'apparaissait pas encore puisque les plus grands philosophes, Socrate, Platon, Aristote, croyaient l'esclavage nécessaire.

Or, aujourd'hui, le respect de la liberté individuelle est un des principes essentiels des sociétés, d'une part; et, d'autre part, l'altruisme s'affirme avec tant de force dans tous nos actes normaux, dans nos institutions publiques et privées que les peuples sont orientés vers la démocratie définitive avec la solidarité nécessaire qu'elle implique. La science ne se cache plus comme jadis au fond des temples inviolables et solitaires : elle répand partout ses bienfaits grâce au magique porte-parole que Gutenberg inventa.

Que de progrès depuis le temps où le sauvage ne pouvait exprimer sa pensée confuse qu'au moyen de mots-phrases dans un lieu éclairé, jusqu'à l'époque où les hommes conversent d'une manière si précise et si subtile de Paris à New-York, par un fil; depuis les formes inférieures de l'abstraction, que révèlent encore les peuplades sauvages, jusqu'aux concepts de la pan-géométrie !

Quelle évolution magnifique s'est accomplie de l'homme primitif, ignorant le sourire, à l'être humain, riche de vie, d'enthousiasme, de bonheur vrai, quoique fugace, dont les lèvres, le regard et l'attitude signifient le don pur de la grâce et de l'amour ; dont la sympathie admirablement rayonne par le vaste réseau électrique, système nerveux de l'espèce entière !

Non ! le génie n'émerge pas miraculeusement du néant et il n'est pas non plus, comme certains le prétendent, surtout depuis Moreau de Tours, un délire confinant à la folie.

Il est au contraire la coordination puissante, la synthèse supérieure, grâce à la fixation durable des états fugitifs de l'âme communs à la plupart des hommes. Il embrasse dans le lumineux et vaste champ de sa conscience *simultanément* ce que le vulgaire entrevoit *successivement*, par éclairs. Et comme, d'une part, le génie, à cause de sa lucidité continue n'établit guère que des rapports nouveaux entre des sensations, sentiments et idées, très vite évanouis dans le sub-conscient ou l'inconscient de la majorité des gens ; comme, d'autre part, la puissance mentale est encore fort limitée ; il arrive souvent que ce qui constitue le conscient pour la foule devient l'inconscient pour le génie. De là la distraction, le déséquilibre apparent que les hommes tout à fait supérieurs accusent parfois dans l'existence banale et d'où les observateurs peu attentifs ont tiré des théories erronées. Dans la vie courante, l'homme de génie et le dément peuvent présenter une même inadaptation : les Thalès comme les fous tombent dans les puits en marchant.

Mais si le génie n'est pas toujours adapté à la vie pratique, c'est par excès de richesse intellectuelle, de puissance associative d'éléments rares que le public ne conçoit pas ; tandis que le fou montre le même travers par impossibilité morbide de coordonner d'une manière normale les seuls éléments vulgaires qu'il a dans l'esprit. Le fou se réimplique vers la conscience zéro ; le génie s'élève vers la suprême et harmonique activité mentale.

A qui donc fera-t-on croire aujourd'hui que le génie soit absolument spontané, qu'il ne tienne à rien ; que Minerve puisse sortir tout armée du Cerveau de Jupiter ?

Le génie n'est pas un souffle venu on ne sait d'où ; il apparaît comme le résultat magnifique mais *normal et laborieux* de l'expérience et, jusqu'à nos jours, il faut le reconnaître, le jeu de l'expérience fut intimement lié à la force physique des individus.

Mais il faut encore nous efforcer de mieux éclairer notre théorie et ainsi de la rendre plus solide en ayant recours à un argument synthétique.

Ceux qui croient à la spontanéité du génie oublient combien l'intelligence se trouve bornée par les formes physiques, les dimensions et la position des êtres dans l'espace.

Ainsi des différences de taille et de forme peuvent rendre impossible toute communication consciente entre les individus.

Essayons, par exemple, de nous figurer la distance entre une bactérie et un homme ! Peut-être nous débarrasserons-nous ainsi de quelques erreurs dont notre orgueil humain est l'intarissable source.

On sait que M. Engelmann, faisant jouer aux bactéries le rôle de réactifs vivants, a pu déceler la trillionième partie d'un milligramme d'oxygène, c'est-à-dire, selon les calculs des physiciens, une quantité à peine supérieure à la molécule.

Voilà un être dont l'univers est une goutte. Supposons cet être doué de conscience. Il voit très bien les manifestations des forces qui nous échappent presque — capillarité, tension superficielle des liquides, mouvements browniens —; mais il ne conçoit pas que la gravitation soit universelle ; que la surface des liquides tende à prendre l'horizontale ; que les corps solides s'y enfoncent selon leur densité ; qu'il soit possible de faire du feu, etc. En un mot, sa physique n'est pas la nôtre (1) ; sa sensibilité non plus, partant sa morale.

Comment donc des rapports *conscients* pourraient-ils s'établir entre des individus séparés par des conditions aussi fondamentales ?

A quel isolement profond les formes condamnent les êtres dans l'espace !

Et cet exemple ne montre-t-il pas d'une manière irréfutable, que l'intelligence dépend de la figuration et de la position des êtres ?

Or ce qui est vrai pour l'ensemble est également vrai pour le détail. Mais l'homme, à force de se contempler, croit emplir l'univers : il oublie la relativité universelle qui enserre son esprit en de misérables limites et il oublie surtout que son intelligence ne peut se manifester que par les gestes, de certains gestes dépendant de sa forme et de ses dimensions et que sa conscience s'affranchit très lentement du despotisme des énergies mécaniques. Déjà cependant le psychique agit sur le physique avec une intensité qui l'emporte parfois sur la réciproque. C'est dire que nous nous acheminons vers une haute autonomie mentale.

(1) Voir *De la relativité des Connaissances humaines,* par M. William Crookes. *(Revue scientifique,* 1er sem. 1897.) — *Sur la relativité des Connaissances humaines,* par M. Gaston Moch. *(Revue scientifique,* 2e sem. 1897.)

De ce qui précède, il résulte que l'intelligence *actuelle* varie avec les formes, les dimensions, la qualité du mouvement, et avec les circonstances — éducation, instruction, liberté, etc. — et celles-ci avec l'évolution de l'individu.

Aussi est-il souverainement faux d'induire d'une manière *définitive* l'infirmité mentale de la femme, de l'activité de ce sexe durant les premiers stades de la société humaine, car si les actes de cette période de l'évolution sont significatifs de volonté libre, même chez l'homme, ils accusent encore beaucoup moins de spontanéité de la femme.

Comment donc pour les siècles écoulés pourrait-on comparer les actes des femmes à ceux des hommes puisque les deux sexes ne se trouvaient point dans les mêmes conditions physiques ni mentales ? Ce serait procéder comme le mathématicien qui voudrait comparer deux fractions non réduites au même dénominateur.

Et si, pour les temps passés, la comparaison des actes respectifs des sexes est illégitime, il sera tout à fait absurde de vouloir induire de cette *comparaison impossible* un rapport *constant* entre les valeurs mentales de l'homme et de la femme, c'est-à-dire de poser d'une manière absolue que la femme est *irrémédiablement* affligée d'infériorité intellectuelle.

C'est là une affirmation si gratuite qu'on est vraiment gêné de la trouver chez Schopenhauer et quelques autres grands penseurs.

Mais, au XIX° siècle, les conditions sociales *tendent* à ouvrir les mêmes possibles aux deux sexes. Depuis une cinquantaine d'années, la femme a conquis en divers pays sa presque entière liberté. Aussi ses actes condensent-ils aujourd'hui plus de valeur personnelle que ceux de jadis et ont-ils déjà une large signification, encore qu'il fut injuste de croire la femme tout à fait affranchie, en un laps de temps si court, de la subordination imposée par les fatalités biologiques.

Nous examinerons, dans un chapitre spécial, l'importance sociale qu'a déjà su prendre la femme contemporaine dans les pays libres.

Si maintenant nous envisageons les actes au point de vue de la plus heureuse expansion de l'être humain, c'est-à-dire de sa *meilleure* adaptation au milieu, nous sommes amenés à reconnaître que ce qui, aujourd'hui, est qualifié *intelligent* est consacré tel, relativement à un idéal pouvant être faux et d'autant plus faux que l'homme l'a *seul* conçu.

Ainsi la guerre — dont certains brillants sophistes tels que M. Gustave Le Bon, prétendent démontrer l'inéluctable nécessité — sera considérée dans l'avenir comme une aberration de l'intelligence.

Pour les générations ultérieures plus éclairées, plus conscientes des véritables besoins sociaux de l'homme, l'instruction, *telle qu'elle fut donnée au XIX° siècle*, apparaîtra comme une superstition dangereuse, comme une cause puissante de déséquilibration économique et morale ; nos descendants auront la vision claire qu'il importe infiniment plus de faire l'*éducation* du peuple, de l'élever moralement, de former son *caractère*, que de lui donner une sèche instruction, purement libérale ; que si le progrès multiplie les besoins de l'individu, les rend impérieux par l'affinement *exclusif* des qualités intellectuelles et ainsi abolit peu à peu la régulation salutaire des centres d'arrêt, il importe, au plus haut point, de multiplier corrélativement les moyens de satisfaire ces besoins nouveaux et variés ; que sous prétexte de cultiver les cerveaux — rien que les cerveaux, comme si l'être humain n'avait pas aussi un estomac et un cœur ! — il est dangereux de laisser les champs en friche et périr la sympathie ;... de pousser l'homme, invinciblement, par l'organisation de *l'exclusive instruction*, à l'égoïsme féroce, aux convoitises sans limites, à l'impulsivité et par suite aux plus redoutables violences...

Il y a un tel obscurcissement de la conscience chez les directeurs des peuples que, en France, par exemple, il s'est établi une véritable confusion entre *l'instruction* et *l'éducation* morales. Aussi, du bas au haut de l'échelle universitaire, n'y a-t-il point d'éducation véritable. On instruit l'individu des choses de la morale, on n'a pas les moyens de le rendre bon; on ne l'incline point à s'améliorer : on s'ingénie plutôt à le rendre habile.

Ce beau régime a déjà contribué puissamment à faire surgir du sein de notre civilisation quelques monstres qui, hier encore, scandalisèrent l'univers ou le terrifièrent.

Mais comme nous touchons ici à un foyer de passions ardentes susceptibles d'aveugler des esprit très généreux, nous croyons indispensable de prévenir ou de dissiper tout malentendu en exprimant notre pensée sans ambages.

Nous voulons, nous réclamons la plus grande diffusion possible des lumières, car les demi-clartés nous paraissent éminemment dangereuses pour l'avenir de la civilisation et pour le bonheur propre de l'individu. Mais nous soutenons que la culture intellectuelle intensive, sans égard à l'éducation harmonique des autres composantes essentielles de l'individu, constitue une aberration néfaste dont les conséquences pourraient bien être un nouvel et effroyable moyen-âge. Notre critique ne s'adresse donc pas à notre pays, elle s'étend à toutes les nations policées et par conséquent ne saurait atteindre en aucune façon le personnel universitaire, car il s'agit d'un principe qui détermine les applications et enlève ainsi toute initiative, c'est-à-dire toute responsabilité véritable à ceux qui enseignent. Notre observation prétend même s'élever au-dessus des formes de gouvernement et s'affranchir, par sa signification essentielle, de toute préoccupation politique.

Et il faut reconnaître que notre cri n'a pas été poussé dans le désert de sentiments analogues, car depuis la publication de notre volume sur la *Femme devant la science*, des maîtres de la pensée présente ont écrit là-dessus des articles profonds et alarmants dont encore tout le monde civilisé frissonne (1).

L'humanité, qui cherche avec tant d'ardeur à s'affranchir des préjugés, semble rejeter les anciens pour se livrer aux nouveaux.

(1) Voir FOUILLÉE. *Les Jeunes Criminels, l'École et la Presse.* (*Revue des Deux-Mondes*, 15 janvier 1897.)

TARDE. *La Jeunesse criminelle. (Archives d'antropologie criminelle*, 15 juillet 1897.)

E. BUISSON. *La Jeunesse criminelle et l'éducation* (*Revue pédagogique*, année 1895) ; etc.

C'est pourquoi l'idéal humain n'est pas quelque chose de figé en une immuable forme ; il est soumis à la loi des modifications progressives à laquelle sans doute rien n'échappe.

Et avec ces modifications changent aussi les principes qui donnent leur prix aux actes humains.

Donc, non-seulement la pression des forces extérieures joue un grand rôle dans l'activité, mais le concept de la vie lentement élaboré par l'homme marque tous les actes au coin d'une valeur conventionnelle et provisoire.

Et l'idéal dont la majorité des représentants du sexe masculin caressent encore, avec une orgueilleuse satisfaction, la définitive formule, sera sans doute reconnu absurde lorsque la civilisation découlera de la libre et naturelle expansion du couple humain.

Aussi bien déjà s'élargit l'esprit de nombre d'hommes. Ils commencent d'entrevoir la possibilité d'une vie plus intense et plus variée ; afin d'augmenter le bonheur, d'atteindre à un plus haut degré de valeur morale, ils sentent l'impérieux besoin d'ouvrir toutes grandes à la femme les voies les plus diverses de l'activité. Non plus soumise, docile et réfléchissant passivement la pensée, la volonté masculines, mais énergie personnelle, originale, et, par ses combinaisons subtiles avec l'énergie de l'homme, créant des ressources psychiques nouvelles, insoupçonnées, impossibles sans cette fusion des contraires. Et plus la spécification de chaque sexe s'affirmera, c'est-à-dire plus l'homme et la femme se développeront en toute liberté selon les lois intimes qui, respectivement, les régissent, plus se multiplieront les variations progressives de l'espèce humaine dans sa triple activité : physique, intellectuelle et morale. Physiquement, la différenciation des éléments nécessaires à la production d'un nouvel être paraît suffisante ; mais l'éclat éphémère de toutes les civilisations qui se sont succédées sur notre globe montre qu'il n'en est pas de même mentalement.

Les sexes ont perfectionné au physique leurs qualités propres et contraires, mais la vie intellectuelle est toute condensée dans le cerveau masculin : la femme reflèta la pensée de l'homme sans jamais la modifier d'une manière fondamentale. Il est incontestable que tout ce qui constitue la trame de la civilisation fut conçu par l'homme et que, seules, des apparences quasi négligeables et tout adventices sont dues à l'initiative de la femme.

On pourrait donc schématiser ainsi les causes de toutes les civilisations disparues ou plus ou moins florissantes encore.

L'homme, en sa libre et diverse activité, acquit de nombreux éléments psychiques dont les combinaisons avec ceux de la femme amenèrent le progrès. Mais la femme, jouant un rôle passif, étant pour ainsi dire un réflecteur, ne put, en réalité, que présenter des éléments presque identiques à ceux de l'homme. En sorte que le perfectionnement de la société humaine résulte à peu près exclusivement des ressources mentales du sexe masculin. Et l'on sait que dans toute la nature, les plus puissantes combinaisons, les plus riches, les plus durables, celles qui concentrent le plus d'énergie, qui sont susceptibles d'arracher le plus de force au sommeil de la vitualité, naissent des contraires. Or, malgré de gros-

sières apparences, il est infiniment probable que tous
les éléments de progrès élaborés par l'homme *seul* tendent
invinciblement à se différencier de moins en moins ; ils
doivent avoir, nonobstant une certaine variété extérieure,
un substrat identique limitant les combinaisons dans
un cercle non seulement infranchissable, mais se rétré-
cissant toujours, pour aboutir enfin — en une heure
relativement courte de la journée éternelle — à l'irréductible stérilité. Ne voyons-nous pas, en effet, depuis
l'aube de l'histoire, les peuples parvenir à un certain
degré de civilisation, puis aller en décadence et enfin
disparaître ?

Sans doute, des causes nombreuses, fort diverses,
souvent indépendantes de l'homme, collaborèrent à
l'éclipse des grandes civilisations qui jetèrent sur notre
globe une fugitive lumière ; mais la complexité, la
richesse de l'esprit humain est la puissante amorce du
progrès, celle qui réunit autour d'elle les énergies éparses
et naissantes. L'idée joue dans la vie universelle des
intelligences un rôle analogue à celui d'un cristal dans
la solution sousaturée d'un sel.

Et si la femme, affranchie de la force arbitraire, de
toute despotique contrainte conventionnelle, pouvait
donner sa mesure en toutes choses, elle présenterait
des éléments de progrès originaux de plus en plus
différenciés dont le subtil mariage avec les éléments
masculins produirait une variété infinie dans les ressources mentales de l'humanité.

Les manifestations sensibles de l'esthétique humaine
sont incomplètes. L'art se réalise sous un seul aspect:
l'aspect conçu par l'homme. Il acquerra une plus haute

puissance, il deviendra souverain, total, essentiellement *l'art humain*, quand la femme vivra sa vie propre, personnelle et amènera le maximum de dynamogénie intellectuelle. Les combinaisons obscures des vibrations de la pensée multiplieront la force créatrice et la feront se résoudre en œuvres splendides d'une merveilleuse synthèse, plongeant dans l'immortalité sûre par la multiplicité de leurs racines profondes.

L'évolution humaine aura peut-être un terme, mais elle ne sera complète, elle n'épuisera tous les possibles dans les manifestations du beau et du bien que si la femme y collabore en pleine liberté.

Et cette théorie, que nous exposons ici brièvement, empruntera une force particulière à de récentes découvertes biologiques dont nous parlerons plus loin.

CHAPITRE VIII

Puissance mentale et Puissance génératrice.

Examen des opinions de Sabatier, Fouillée, Lombroso, etc.

La Fécondité utile à l'espèce. — Loi de spécification.

CHAPITRE VIII

PUISSANCE MENTALE ET PUISSANCE GÉNÉRATRICE

Examen des opinions de Sabatier, Fouillée, Lom-
broso etc.
La Fécondité utile à l'espèce. — Loi de spécification.

Il se produit, vers la fin du xix° siècle, un phénomène très important à noter : la science a manifesté
des ressources si merveilleuses, elle a réalisé dans
l'ordre pratique des prodiges si admirables, que peu à
peu s'est glissé, même dans les meilleurs esprits, le
fétichisme de cette magicienne contemporaine. Loin de
nous la pensée de vouloir médire de l'observation, de
l'étude des faits : la méthode expérimentale est infiniment précieuse; elle donne le moyen sûr de marcher
sans cesse à la découverte des vérités nouvelles et de
débarrasser l'esprit de la gangue épaisse des préjugés
qui faisait s'immobiliser l'homme en la vaine contempla-
tion de séduisantes chimères.

Nous combattons seulement les impatients qui pensent tout expliquer avec les quelques données incer-
taines de la science à peine ébauchée.

L'homme de notre époque croit pouvoir faire déjà les inductions les plus absolues; il pousse l'imprudence jusqu'à dire : il n'y a plus de mystères ! (1) oubliant que la grande synthèse est à peine entrevue; qu'à regarder de haut, peu de principes peut-être sont définitifs; que les lois, hâtivement induites, ont souvent un caractère provisoire, destinées qu'elles sont à être modifiées par des découvertes ultérieures, par une vision plus aiguë des détails et de l'ensemble, par une projection plus stable, plus complète, plus lumineuse des faits dans le champ élargi de la conscience et par une intellection plus précise des rapports intimes et généraux, prochains et lointains entre les phénomènes les plus divers, laborieusement enregistrés par les générations successives.

Ainsi est né de nos jours ce qui pourrait s'appeler le « préjugé scientifique ».

Ce travers est si général qu'un des esprits les plus profonds et les plus indépendants de ce temps, M. Fouillée, semble n'y avoir pas complètement échappé.

Dans une récente et très remarquable étude, M. Fouillée (2), s'appuyant sur les précieuses découvertes biologiques dernières, a exposé avec beaucoup de force quelle est, selon lui, la constitution physique et mentale de sexes; mais, toutefois, tirant surtout des phénomènes matériels de la fécondation des consé-

(1) M. Berthelot, l'illustre chimiste, a employé cette expression dans une acception motivée qui la rend acceptable et la fait différer du sens que certains esprits lui donnent.

(2) A. Fouillée. *Tempérament et Caractère.*

quences psychologiques et sociales très précises, ils nous paraît avoir abouti à des conclusions insuffisamment démontrées.

On dit généralement que le spermatozoïde, plus petit, plus actif que l'ovule, montre des qualités centrifuges, tandis que l'ovule plus gros, plus passif, fait preuve de qualités centripètes. Cela n'est pas rigoureusement exact. Selon M. le Dantec, *l'attraction est réciproque.* Le spermatozoïde, petit et facile à mouvoir, est d'abord attiré vers l'ovule. L'attraction de l'ovule par le spermatozoïde se manifeste lorsque ce dernier est très voisin : il y a alors déformation amiboïde de l'ovule qui pousse un petit mamelon à la rencontre du spermatozoïde (1).

Mais voyons d'abord les théories qu'on a déduites de cette croyance générale dont nous venons de montrer l'erreur.

M. Fouillée trouve que M. Sabatier faisait à ce sujet un rapprochement plein d'intérêt : dans cette fonction d'élément centrifuge, mobile et chercheur (2) ne reconnaît-on pas déjà ce que l'on peut appeler « l'extériorité du sexe masculin », c'est-à-dire sa tendance générale à la vie active et voyageuse ? Au contraire, voyez l'état d'immobilité relative, le caractère de concentration et d'intégration qui marque l'élément féminin; n'y reconnaissez-vous pas déjà ce caractère d'intimité,

(1) LE DANTEC. *Théorie nouvelle de la Vie,* p. 299.

(2) M. Maupas a remarqué parfois la parfaite immobilité des spermatozoïdes : « Nous n'avons jamais réussi à constater le moindre mouvement chez les spermatozoïdes, tant dans le réservoir mâle que dans le réceptacle femelle. (DEBRAY et MAUPAS. *Le Tylenchus devastatrix,* KÜHN, p. 36.) »

d'intériorité, d'union qui distingue la mère et qui fait d'elle la créatrice du nid, du foyer? « L'*Indépendance* est le propre du sexe et de l'élément masculin; la *solidarité* appartient au sexe et à l'élément féminin » (*Tempérament et caractère*, p. 201).

En cette façon d'envisager la question, nous ne trouvons point encore la méthode véritablement scientifique, dégagée de tout sentiment, de toute passion consciente ou inconsciente; nous voyons plutôt le désir d'obtenir *telle* solution avant d'avoir, avec une haute sérénité, procédé à l'analyse minutieuse et impartiale des faits.

Cette analogie paraît bien arbitraire et, disons-le franchement, peu conforme à la prudence philosophique. On connaît les phénomènes matériels de la fécondation; les naturalistes auraient mis « hors de doute 'identité de valeur des éléments masculin et féminin » dans la propagation de l'espèce. Il serait plus exact de dire que les biologistes connaissent la forme, les caractères physiques et chimiques des demi-nucleus, mais qu'ils ne savent rien de leurs *qualités intimes*.

N'importe! Par la comparaison des activités *visibles* des germes chez les *espèces inférieures* avec les caractères de l'homme et de la femme dans la société actuelle, MM. Sabatier et Fouillée, prétendent établir les bases d'une psychologie des sexes marquée au coin de la science: c'est abuser de l'anthropomorphisme.

Supposons qu'on eût trouvé le contraire dans les phénomènes de la fécondation, c'est-à-dire que le spermatozoïde eût les qualités visibles de l'ovule et inversement. On aurait dit: le germe femelle, plus petit, plus agité, plus instable, est déjà l'image de ce que sera la femme, être faible, nerveux, mal équilibré, incapable d'un effort soutenu et, par suite, de grandes choses de grandes créations qui exigent une longue patience... On ajouterait que cela cadre très bien avec ce mot de Buffon : « le génie est une longue patience » ; la femme étant incapable de patience ne saurait avoir de génie.

MM. Lombroso et Ferroro disent bien que la femme est capable de beaucoup de patience, mais ils ajoutent très élégamment que « sa patience ressemble plus à celle du chameau qu'à celle de l'homme de génie » (1).

D'autre part, le germe mâle, plus gros, plus calme, plus lui-même, indiquerait nettement qu'à l'homme est dévolue la puissance ; l'équilibre et le caractère d'intériorité du germe seraient les indices révélateurs de la concentration facile de la pensée, du pouvoir assimilateur de son esprit : la force dans le calme !

Si un être intelligent de Mars ou de Jupiter venait sur notre planète et, après avoir observé les gestes, les formes, le volume et les activités diverses de quelques échantillons de la multitude des animaux terrestres, s'avisait de vouloir tirer de ces observations, par voie d'analogie, des conclusions précises sur notre valeur mentale, pense-t-on que ce stellaire aurait beaucoup de chances de trouver la vérité ?

Ceux qui posent des affirmations si catégoriques au sujet de la constitution psychique de la femme nous semblent imiter le visiteur imaginaire de Mars ou de Jupiter. Il est étrange qu'aujourd'hui encore, d'après

____

(1) *La Femme criminelle,* p. 186.

les renseignements extrêmement partiels et grossiers que nous donnent les sens, on ose conclure d'une manière absolue. Lorsqu'une girouette tourne sur son pivot, un ballon traverse l'espace, un navire fend les eaux, si nous n'avions aucun moyen de connaître le vent qui meut le navire, le ballon et la girouette, nous affirmerions hardiment que ces choses extériorisent leur propre force !

Lorsque la limaille de fer se précipite sur le barreau aimanté, qui des deux manifeste le plus d'énergie ?

M. Sabatier est-il bien sûr que ce soit la limaille *parce qu'elle* s'agite, alors que le barreau reste visiblement inerte ?

Lorsqu'une aiguille aimantée entre en sympathie avec un cyclone du soleil, lequel des deux extériorise le plus d'énergie ? Est-ce l'aiguille parce que nous la voyons tressaillir ?

Parce que dans beaucoup de cas nous manifestons notre force en faisant des mouvements visibles, peut-on dire que toutes les forces de la nature se manifestent de la même manière, c'est-à-dire qu'elles ne peuvent agir sans affecter notre conscience ? En d'autres termes, peut-on poser que partout où il y a mouvement *sensible pour nous,* il y a force initiale ; que la force propre soit proportionnelle au mouvement *visible* ; que cette force ait toujours son principe dans l'objet en mouvement et que là où il n'y a pas de mouvement appréciable il n'y a pas de force active ? Enfin peut-on conclure de telle qualité *arbitraire* de mouvement à telles *réelles* qualités psychiques ?

L'hypnotiseur ne bouge pas ; c'est l'hypnotisé qui

s'agite et s'approche. Une personne complètement
ignorante des phénomènes hypnotiques supposerait que
le sujet est le plus fort puisqu'il *se meut*. Or, le contraire est le vrai.

Ainsi les gestes, l'activité grossière, n'impliquent
pas toujours nécessairement une énergie proportionnelle,
car l'énergie s'extériorise parfois avec une grande violence tout en échappant à nos regards myopes. La
récente découverte des rayons *x* nous dispense d'insis-
ter.

On objectera peut-être que la force qui se manifeste
existe seule pour les individus et détermine leurs rapports; que la force qui réalise, a seule un prix; peu
importe la source d'où elle provient; au point de vue
humain, il n'y a qu'à considérer quel est l'être en qui
elle se résout en un maximum d'activité utile: or, il
semble que l'homme soit organisé pour dépenser le
maximum de forces. M. Fouillée insiste beaucoup sur
ce point. Et nous sommes d'accord avec M. Fouillée
s'il entend parler exclusivement des premières étapes
de l'humanité; mais nous sommes obligés de nous
séparer de lui si sa psychologie prétend embrasser
l'avenir.

Et, d'abord, reconnaissons que nous ne nous trouvons
pas en présence d'une loi biologique générale s'appliquant à toutes les espèces. Il y a des femelles plus vi-
goureuses, mieux armées, plus intelligentes que les
mâles. Mais nous voulons parler seulement de l'espèce
humaine et, après avoir constaté (voir le chapitre I),
que les fatalités biologiques ont voué la femme à la subordination pendant les premiers stades de l'évolution, il

nous faut examiner si les conditions nouvelles de l'activité peuvent affranchir psychologiquement le sexe féminin.

Et pour cela, nous soumettrons d'abord à une critique attentive la loi que M. Lombroso signalait il y a une quarantaine d'années : « Le développement de la vie psychique est en raison inverse du développement de la vie sexuelle. ». Cette loi fameuse, autour de laquelle on a fait tant de bruit et d'où la plupart des philosophes déduisent l'éternelle minorité de la femme, est-elle absolument établie ? Il faudrait d'abord s'entendre sur les termes. Que signifie « développement de la vie sexuelle ? » La puissance sexuelle de la mère croît-elle avec le nombre des rejetons ?

Il semble que les auteurs l'entendent ainsi.

D'habitude, nous apprécions la *puissance* par le *nombre*. Mais le nombre est une mesure grossière qui donne une indication purement mathématique et qui, dans bien des cas, n'a aucun rapport avec le fait que nous prétendons établir de la sorte : ainsi dans le cas présent. Chez les êtres inférieurs, les infusoires, par exemple, la capacité de multiplication est effroyable. M. Maupas a calculé qu'au bout de trente jours, le total de tous les individus issus de la cent cinquantième génération d'une *stylonichia pustulata*, donne un nombre commençant par 1 suivi de 44 zéros ; et tous ces individus, en une masse unique, représenteraient une sphère un million de fois plus grosse que le soleil (1).

(1) E. MAUPAS. *Recherches expérimentales sur les Infusoires ciliés. (Archives de Zoologie expérimentale*, t. IV, année 1898, p. 205.)

Mais les individus périssent rapidement et les espèces ne tardent pas sans doute à disparaître. Qu'est-ce donc que cette vigueur sexuelle qui remplace la qualité des individus, leur vitalité par un nombre prodigieux de rejetons, mais éphémères, mais incapables de perpétuer la vie. Nous sommes le jouet d'un mirage numérique : nous prenons pour des unités les fractions infinitésimales de cette unité.

La véritable puissance sexuelle ne s'affirme point par le *plus grand nombre* de rejetons quelconques, mais par le nombre de rejetons susceptibles de *se reproduire* successivement d'une *manière illimitée*. Quelle que soit la capacité prolifique accusée, pendant un temps connu, par un nombre prodigieux de rejetons, si l'espèce périt, cette puissance est représentée par un nombre *fini*; tandis que la puissance sexuelle caractérisée par un nombre moindre d'individus pendant le même temps, mais qui, en revanche, fait subsister l'espèce depuis des milliers de siècles, et *continue* d'assurer son salut d'une manière illimitée, est représentée par un nombre *infini*. Il faut donc entendre par puissance génératrice la *fécondité utile à l'espèce*. Le produit sexuel — ou le rejeton agame — en effet, n'a de valeur, qu'autant qu'il s'adapte au milieu, qu'il résiste victorieusement aux agents de destruction qui l'entourent, qu'autant qu'il est susceptible de condenser une certaine somme d'énergie vitale et ainsi, héréditairement, à l'infini. Le développement de la vie reproductrice n'est pas indiqué par la quantité numérique des germes, mais par leur *qualité* et, en dernière analyse, par le degré de persistance et de suprématie de l'espèce. Cela est si vrai, qu'un grand nombre d'espèces, plus prolifères que l'humaine, ont déjà disparu.

Nous pouvons donc soutenir que la puissance sexuelle est en raison directe, non de la fécondité de l'individu, mais du degré de vitalité de l'espèce.

Or, l'espèce humaine, ayant survécu à beaucoup d'autres plus prolifiques, il suit que l'homme et la femme possèdent, en réalité, une énergie génératrice supérieure. Et si la loi signalée par M. Lombroso était vraie, l'homme devrait être bien moins intelligent qu'un grand nombre d'animaux !

Même si l'on admettait que la capacité de reproduction fût proportionnelle à la multiplicité des conjugaisons, l'adaptation du mâle à la propagation de l'espèce donnerait le démenti le plus formel à la loi de Lombroso. Le mâle de la sépia ne se reproduit qu'une fois, et l'acte de la fécondation le tue ; l'homme renouvelle fréquemment et impunément cet acte pendant le cours de sa longue existence et montre, en même temps, une vie psychique infiniment plus développée.

Et la femme, ne manifeste-t-elle pas plus d'énergie mentale et d'énergie génésique qu'un ichneumon ou un sphégien ?

Il ressort clairement de cela qu'à mesure de leur évolution les individus, tout en rendant l'espèce plus vivace vivent de plus en plus pour eux-mêmes. La nature est effroyablement prolifique ; elle jette sa semence au hasard et, conséquemment, une très grande partie est inutilisée. Mais l'intelligence corrige insensiblement la prodigue et aveugle nature. L'individu remarque qu'il se dépense trop et *sans profit pour l'espèce* et il parvient à obtenir le même nombre de descendants *valides* en économisant son énergie.

Chez les êtres à muliplication agame, l'individu ne travaille que pour l'espèce ; sa vie propre est réduite au strict minimum. Peu à peu, la sensibilité s'aiguise, se perfectionne, s'accompagne de conscience de plus en plus claire ; le système nerveux se complique ; le cerveau devient plus vivace ; d'où, pour l'individu, vie plus intense et plus longue. L'être s'adapte — il continue toujours à mieux s'adapter — à la nécessité de la reproduction : elle ne lui est plus immédiatement fatale. Par une évolution heureuse, il arrive à réduire l'effet que produit sur son organisme cet acte essentiel : non seulement il n'en meurt pas, mais il le répète exclusivement pour son plaisir, c'est-à-dire en s'affranchissant de la loi de reproduction.

Et si la vie égoïste n'est pas subordonnée à la plus ou moins grande fécondité de l'individu — nombre de femmes sont naturellement ou volontairement stériles — en outre, l'aptitude à se reproduire disparaît de bonne heure chez la femme, bien plus tôt que chez l'homme, et tous deux existent encore de nombreuses années sans se soucier de l'espèce.

L'individu vit donc de plus en plus pour lui-même : c'est là une vérité qui ne saurait être contestée. Et rien ne montre que cette évolution soit parvenue à son terme. Si l'on considère, en effet, combien est infinitésimale la quantité de substance nécessaire à la formation d'un nouvel être, on peut concevoir que, sans nuire à l'espèce, il y ait une réduction considérable de cette substance, l'adaptation des sexes devenant de plus en plus parfaite, et supprimant la dépense inutile et par conséquent absurde. Il est logique, d'ailleurs, que l'être parcoure toute l'échelle du possible dans ses réalisations successives. L'individu est lié à l'espèce et celle-ci à celui-là. Jadis l'espèce triomphait aux dépens de l'individu ; l'individu a déjà pris sa revanche et il pourrait arriver à tuer l'espèce ; mais il s'arrêtera à la limite dernière.

Et la psychologie, la physiologie et les quelques données de la sociologie nous démontrent avec certitude que nous sommes encore loin de cette limite extrême.

L'opinion contraire, fort répandue, provient de cette croyance fausse que le progrès de l'intelligence suppose un progrès correspondant et proportionnel de la quantité d'effort. Or, c'est une loi bien établie pour les phénomènes physiologiques et pour les phénomènes mentaux, que tout acte tend à se reproduire de plus en plus facilement. Les expériences hypnotiques, surtout, ont vérifié cette loi d'une manière définitive. Toute opération mentale qui d'abord nécessite un effort intense, soutenu et, partant, une dépense considérable d'énergie, se répète de plus en plus facilement, jusqu'à ce qu'elle devienne un phénomène automatique. C'est ainsi que s'accumulent, en se fixant à jamais, les heureux bienfaits des efforts en éducation, en art, en science, et que l'individu avec une quantité d'énergie limitée peut acquérir des connaissances dont on ne saurait fixer les limites. Il est donc légitime d'admettre que ce qui, à notre époque, coûte un travail acharné et amène parfois un déséquilibrement cérébral, finira par se faire avec la plus grande aisance ; que les ressources intellectuelles ainsi acquises perdront petit à petit de leur caractère fugace et se stabiliseront dans l'organisme, deviendront le patrimoine inaliénable des générations ultérieures.

Et cette théorie est déjà vérifiée par l'observation puisque des enfants ont fait, en se jouant, ce qui aurait demandé de grands efforts à des adultes : Pascal était géomètre à onze ans ; Mozart, compositeur à cinq ou six ans ; Pic de la Mirandolle, poète à dix ans ; Dante, à neuf ans, écrivit un sonnet pour Béatrix ; Victor Hugo composa *Irtamène* à quinze ans ; Pope, l'*Ode à la solitude* à douze ans, et, à seize ans, les *Pastorales* ; à cinq ans, Meyerbeer jouait très bien du piano ; Claude-Joseph Vernet crayonnait d'une manière remarquable à quatre ans ; à dix ans, Métastase charmait par ses improvisations ; Mirabeau faisait déjà des discours à trois ans, et, à dix, publiait des livres ; Raphaël était renommé à quatre ans ; Beethoven, à treize ans, composa trois sonates ; Weber, à quatorze ans, fit représenter son premier opéra ; Cherubini, à treize ans, écrivit une messe qui enthousiasma ses concitoyens ; etc... (1).

Mais l'intelligence ne tend pas simplement à se résoudre en automatisme, comme le prétendent nombre d'auteurs tels que Delbœuf (2), il doit y avoir aussi meilleur emploi progressif et volontaire de l'énergie

<hr>

(1) D'après M. Lombroso, *L'Atavisme du génie. (Nouvelle Revue,* t. LXXX.)

(2) J. Delbœuf. *Éléments de Psychologie,* p. 241.

mentale et, par suite, augmentation de la capacité psychique consciente.

Physiquement et psychiquement, l'homme fait des efforts *inutiles* : il se fatigue d'une manière absurde. Toute activité nouvelle le condamne à dépenser plus d'énergie qu'il ne faut pour réaliser l'acte. Exemple: en gymnastique, au début, l'élève exagère l'effort ; l'énergie produite par le muscle n'est pas absorbée tout entière par le mouvement exécuté : l'excès inutile se transforme en chaleur, d'où, transpiration et fatigue absurde.

Règle générale : chaque fois qu'une personne agit d'une manière nouvelle, elle se comporte comme un enfant qui, pour remplir d'eau une bouteille, verse subitement le contenu d'un seau sur le goulot étroit : les neuf dixièmes du liquide se perdent sans avoir servi le moins du monde au remplissement de la bouteille.

L'être humain n'est pas encore adapté à la vie fiévreuse à laquelle depuis une centaine d'années des causes multiples et puissantes l'obligent (1).

Une culture intellectuelle intensive, brusque conséquence de la Révolution de 1789 qui, en affranchissant la pensée, sema dans tous les esprits la graine de l'égalitarisme, de la curiosité et de l'ambition sans limites; les progrès inouïs de la mécanique appliquée; les aiguillons de l'infinité des besoins nouveaux ; en un mot, un bouleversement profond de la vie sociale européenne — ce bouleversement ne s'est point montré

(1) Voir Max Nordau. *Dégénérescence,* t. i. p. 67 et suiv.

dans nombre de pays par des changements politiques, mais l'observateur le moins clairvoyant l'aperçoit dans l'inquiétude des individus, dans la sourde fermentation des foules — a concouru à précipiter l'homme, dès le début du siècle, vers une suractivité à laquelle il n'est point encore naturellement ni scientifiquement adapté : il gaspille son énergie. Aussi le cerveau menace-t-il parfois de se détraquer sous la pression violente de la pensée.

Mais si le gymnaste finit par approprier exactement l'effort au mouvement voulu, et peut dès lors exécuter des tours compliqués et pénibles durant plusieurs heures sans transpirer, de même l'homme s'adaptera à la vie sociale, toujours plus complexe en supprimant tout effort inutile, en s'interdisant toute déperdition absurde de son énergie surtout cérébrale. Pourquoi, par exemple, travailler d'esprit au milieu du bruit ? La psychologie expérimentale a démontré que tout ce qui frappe nos sens, même à notre insu, nous soutire de la force.

L'on conçoit donc déjà *la science de l'effort utile* que nos descendants créeront sans doute un jour.

Ainsi, il ne suffit pas d'invoquer l'automatisme au profit de l'accroissement possible de la capacité mentale, il faut encore considérer que grâce à l'adaptation adéquate et systématique de *l'effort* à *l'acte*, tout l'organisme doit nécessairement réaliser d'importantes économies et conserver de la sorte une réserve de forces assurant un heureux équilibre et des possibles nouveaux et divers.

En conséquence : si, d'une part, les combinaisons

psychiques deviennent de moins en moins fatigantes en vertu de la loi de *répétition* et de l'élimination de *l'effort inutile*; d'autre part, pour les mêmes raisons, le cerveau deviendra de plus en plus robuste, de plus en plus vivace et, à la fois, susceptible de condenser dans l'individu les effets successifs et accumulés des générations antérieures et de supporter des efforts nouveaux et progressivement plus intenses.

Si nous considérons en outre que :

1° Au point de vue physique, la main, le bras, la jambe, tel muscle, la voix, l'ouïe, l'odorat, le tact, etc., peuvent se développer, parvenir à un très haut degré de perfection *indépendamment* les uns des autres ;

2° Au point de vue psychique, la mémoire, l'imagination, le sens critique, la logique, en un mot les différentes facultés sont susceptibles de se perfectionner *indépendamment* les unes des autres. Nous sommes amenés à poser que :

Plus l'être devient complexe, plus chacune de ses fonctions tend à se spécifier, à ne garder avec ses parentes que les liens de solidarité strictement nécessaires à l'harmonie de l'ensemble.

Ici encore nous voyons que, tout en maintenant des rapports harmonieux entre la fonction et l'être tout entier, entre la cellule et l'agrégat des cellules, l'évolution se manifeste d'une manière très nette au profit de l'individu.

Nous pouvons donc admettre que, sans nuire à l'espèce, la femme verra se réduire la durée de sa période féconde et peut-être aussi le nombre de ses enfants.

Quel chemin parcouru au profit de la femelle depuis l'amphioxus jusqu'à la femme !

Mais si l'on pouvait démontrer — chose impossible à l'heure actuelle — que cette réduction du nombre de rejetons et de la période de fécondité ne saurait se réaliser, il serait encore téméraire et, *a priori*, de vouloir appliquer à la femme la loi de Lombroso.

Il importe, en effet, de voir jusqu'à quel point les lois de *répétition* et de *spécification* déjà signalées favorisent le développement des facultés mentales.

Si nous considérons la fonction reproductrice depuis les êtres les plus rudimentaires jusqu'aux plus complexes, depuis la génération agame jusqu'à la génération sexuée la plus parfaite, nous observons que chez les protozoaires, l'individu se reproduit en se coupant en deux, c'est-à-dire en *s'employant tout entier*. Mais de récentes découvertes démontrent que ce mode de reproduction ne suffit pas à établir une différenciation suffisante des éléments dont la combinaison engendre un nouvel être, car, après un certain nombre de segmentations, les individus ne tardent pas à périr par sénescence (Maupas). La spécification des éléments contraires s'impose : naissent les sexes, application de cette grande loi de la division du travail que l'on trouve partout dans la nature. Dès. lors, l'acte de la procréation ne demande à chaque conjoint qu'une très petite portion de substance, mais il leur soutire encore une telle quantité d'énergie que l'un ou l'autre ne tarde pas à périr ; souvent les deux ne peuvent engendrer une autre vie sans faire le sacrifice immédiat de la leur. Mais chez les espèces supérieures, la division du travail organique apparaît de plus en plus marquée : la fonction sexuelle ne cause plus, dans toutes les autres cellules, un retentissement incompatible avec l'exercice simultané et vivace de chaque fonction propre : les divers organes deviennent de plus en plus autonomes.

Or, chez la femme, la fonction génératrice étant déjà suffisante, n'a pas besoin de progresser : grâce à la *répétition* elle soutire de moins en moins d'énergie au sujet, d'où un excédent qui croît toujours au profit de l'activité psychique.

La loi de Lombroso, on le voit, est inapplicable à la femme.

CHAPITRE IX

Puissance mentale et Puissance génératrice (suite).

*Comparaison de la femme à l'homme. — La menstrua-
tion et la grossesse. — La maternité ferme-t-elle à
la femme la haute activité intellectuelle ?*

CHAPITRE IX

*Comparaison de la femme à l'homme. — La menstrua-
tion et la grossesse. — La maternité ferme-t-elle
à la femme la haute activité intellectuelle ?*

Mais il ne suffit pas de démontrer l'évolution au
profit de l'individu, les conquêtes fatales de celui-ci
sur l'espèce, il faut comparer la femme à l'homme.

De prime abord, il semble que la vie sexuelle soit
plus développée chez la femme que chez l'homme et
qu'il doive en être ainsi toujours.

Et on prétend que la menstruation et la grossesse
déterminent une régression mentale allant jusqu'au
délire et ferment ainsi à la femme la haute activité intellectuelle. La maternité perfectionne la moralité
de la femme et lui interdit la pensée créatrice. Voilà
l'opinion dominante à notre époque (1).

(1) Gaston Richard. *La Femme devant la science contemporaine. (Revue Phylosophique, 1897.)*

Nous ne rechercherons pas, dans ce livre, si le perfectionnement de la moralité ne suppose pas, en dernière analyse, l'agrandissement corrélatif de la conscience et, aussi, nécessairement, celui de l'intelligence, mais, de toute façon, cette opinion paraît dériver d'une double erreur.

On raisonne: 1° Comme si la femme était menstruée et en état ou en possibilité de grossesse durant toute sa vie adulte; 2° Comme si la majorité des femmes devait parvenir à la suprême activité de l'esprit pour que s'affirme la haute valeur mentale du sexe féminin.

Pour les choses moyennes, pour l'activité pratique, on s'accorde à reconnaître que la femme montre plus de finesse, de perspicacité, plus d'aptitude naturelle et constante que l'homme à se faire d'une manière très rapide aux circonstances les plus imprévues; mais on lui dénie la génialité. Toute la question est là.

D'abord, est-il bien sûr que la menstruation et la grossesse troublent tant l'esprit de la femme?

Nous ne croyons pas que les règles produisent la régression mentale trop facilement admise et à laquelle on donne, en tout cas, une importance exagérée. Il suffit d'observer des femmes *normales*, bien constituées, vivant dans un milieu sain et se livrant, d'un bout de l'année à l'autre, à des travaux exigeant une continuelle assiduité; de considérer les grades universitaires les plus difficiles qu'elles conquièrent aussi vite que les hommes; les professions les plus élevées qu'elles exercent en Angleterre, en Australie, en Amérique et même en France, de se rappeler que plusieurs, quoique mères, se sont illustrées dans l'art, la littérature, les hautes mathématiques et le gouvernement des peuples, pour acquérir la certitude que la femme n'est pas, selon le mot célèbre de Michelet, une « éternelle blessée ». Aussi bien, nul n'a prouvé — pas même M. Icard, malgré tous ses efforts (1) — qu'en dehors des prédispositions héréditaires, la menstruation puisse amener des troubles mentaux.

Les récentes recherches faites à ce sujet à la clinique psychiâtrique de Binswarguer, par M. P. Nacke (2), tendent même à démontrer que la menstruation se comporte, dans le cas de psychose chronique (3), sensiblement comme chez les femmes saines d'esprit ; que l'aménorrhée et le retour des règles ne modifient en rien l'évolution de la psychose.

On prétend aussi que la grossesse favoriserait la folie et exercerait sur le cours des maladies une influence néfaste.

Or, selon Stolz, Maré et Legrand du Saulle, la folie puerpérale est rare. M. Bertillon a montré par la statistique que ce sont les épouses qui donnent le moins de prise à la folie. Pour 10,000 femmes, on trouve 3,4 folles chez les filles, 1,9 chez les épouses et 3,13 chez les veuves.

Et les critiques fort justes que M. Herbert Spencer

(1) Dʳ S. Icard. *La Femme pendant la période menstruelle.*
(2) *Archiv. f. Psychiâtric,* xxviii, 1, p. 169, 1896. (Résumé de M. Ricklin, dans la *Revue des Sciences médicales,* t. xlviii, p. 213.)
(3) M. Schæfer aboutit aux mêmes conclusions. *(Archives de Neurologie,* année 1894, t. xxvii, p. (455-456.

adresse dans la *Science sociale* (p. 99) à M. Bertillon, ne sauraient atteindre le cas ci-dessus.

Au reste, on sait que les femmes fournissent un contingent relativement très faible à la folie et à la criminalité et que leur vie est plus longue que celle des hommes.

Si, en outre, on considère que : 1° la perpétuation de l'espèce ne demande pas à la femme plus de trois enfants, en moyenne, soit, avec l'allaitement, six ou sept années de maternité effective ; 2° vers 45 ans environ, la femme est débarrassée de la menstruation et de la fécondité ; 3° à partir de cet âge, l'intelligence réalise les œuvres les plus profondes et les plus durables, il faut bien reconnaître que la grande objection s'évanouit absolument.

Bien plus, lors même qu'il y aurait antagonisme irréductible entre la génialité et la *maternité*, cet antagonisme ne fermerait point nécessairement à la *femme* la haute activité de l'esprit car, en définitive, les personnes de génie étant fort rares il est sans importance qu'elles restent physiquement stériles.

Nous nous faisons d'ailleurs une idée très fausse de la quantité de rejetons nécessaires pour assurer la perpétuité de l'espèce. Il suffira peut-être de rappeler le joli problème de Herschell pour dissiper notre erreur à ce sujet.

Si un couple, vivant il y a 3000 ans, et tous ses descendants avaient eu régulièrement trois enfants, quelle serait la population du globe ?

Herschell calcula que cette population pourrait former sur toute la surface de la terre une série de couches successives s'élevant jusqu'à Sirius !

Aussi supposer que la liberté de la femme mettrait l'espèce en péril, n'est-ce pas admettre que le sexe féminin pourrait donner une extrême abondance de génies?

Or, jetons un coup d'œil sur la galerie historique? Est-elle vraiment encombrée de génies masculins, même en y ajoutant celui qui, selon M. Faguet, inventa le feu?

Et a-t-on jamais songé à arrêter l'essor de l'intelligence virile sous prétexte que les hommes supérieurs se contentent généralement de se rendre immortels par les œuvres de l'esprit, c'est-à-dire négligent de se perpétuer par la génération?

Débarrassons-nous de ces craintes chimériques. Les grands esprits créateurs seront toujours une infime exception dans les deux sexes.

Au reste, tant qu'on n'aura pas trouvé la détermination du sexe(1), l'excès de la population féminine — en Europe, le nombre des femmes dépasse de sept millions celui des hommes (2) — condamnera dans nos sociétés monogames, beaucoup de femmes à la stérilité.

Lorsqu'on dit que la femme restera toujours cérébralement inférieure à cause de « l'alimentation de la race » on oublie encore plusieurs éléments de la question.

Dans l'acte de la fécondation les germes mâle et femelle sont de valeur identique ; mais il est clair que

(1) M. MAUPAS, expérimentant sur un petit rotifère, l'*Hidatina senta* (*Comptes rendus des séances de l'Académie des sciences,* 11 août et 6 octobre 1890, 14 septembre 1891), a pu déterminer le sexe à volonté au moyen de la température ; mais, pour l'espèce humaine, malgré les cinq cents théories imaginées, on ne sait encore rien de positif.

(2) Louis FRANK. *Essai sur la Condition politique de la femme,* p. 82.

les biologistes n'ont voulu (et pour cause) se placer qu'au point de vue morphologique, histologique et chimique.

Quel abîme entre la forme, le volume, le poids, le mouvement, les réactions chimiques, en un mot entre les attributs extérieurs qui frappent notre œil grossier à travers un microscope et les virtualités physiques et mentales — dont l'hérédité révèle l'existence — qui se combinent d'une manière profondément obscure dans cette infime molécule, génératrice merveilleuse d'une postérité infinie! Aussi, lorsque se dégageant des considérations éphémères on s'abandonne tout entier à la recherche du vrai, on reste logiquement effrayé de voir que certains philosophes essayent de franchir cet immense abîme de ténèbres, accrochés au fil fragile de la déduction.

Qui nous dira la quantité d'énergie apportée par le pronucléus mâle et l'augmentation d'intensité vitale produite chez la femme par la combinaison des atomes sexuels? M. Maupas a observé que *deux infusoires fatigués sont rajeunis par la conjugaison!* (1).

Voilà un fait qui ne peut s'expliquer — la brillante théorie de Delbœuf (2) n'est qu'une ingénieuse hypothèse, inacceptable d'ailleurs — mais c'est un fait : deux individus augmentent *réciproquement* leur capital de vie par l'échange du micronucleus.

---

(1) MAUPAS. *La Multiplication des ciliés. (Archives de Zoologie expérimentale,* t. IV, année 1888.) — *Le Rajeunissement karyogamique des ciliés. (Archives de Zoologie expérimentale,* année 1889.)

(2) J. DELBŒUF. *Pourquoi mourrons-nous? (Revue philosophique,* mai 1891.)

Or, chez les espèces sexuées, il ne faut pas confondre la *fécondation* avec *l'acte sexuel*: la femelle reçoit le multiplicateur vital que son conjoint lui apporte gratuitement et avec une abondance du reste absurde puisqu'une partie d'un unique spermatozoïde est seule utilisée. Le mâle répand, *sans compensation*, une prodigieuse quantité d'énergie ; la femelle absorbe un générateur de force dont la combinaison avec l'ovule produit dans son sein une puissance incalculable mais réelle.

Ainsi, par la conjugaison le mâle diminue son capital de vie ; par la fécondation, la femelle accroît le sien.

Pourquoi donc le phénomène de la fécondation n'infuserait-il pas à la femme un supplément de forces permettant au germe de se développer sans soutirer *nécessairement* aux autres fonctions essentielles du sujet une trop grande quantité d'énergie au profit de la gestation ?

Les biologistes paraissent admettre que la fécondation est une forme de la nutrition. Selon M. Maupas, les ciliés ne forment pas de syzygies tant qu'ils ont des aliments en quantité suffisante et même ils se séparent s'ils en trouvent dès le début de leur union.

En outre si la faim les excite à se conjuguer ils reprennent de nouveau la faculté de se multiplier pendant un certain temps sans recevoir de nourriture (1).

Cela montre bien que la combinaison des germes actualise leur énergie latente au profit de la partie somatique.

(1) Voir aussi Dr PAWLINOW. *La Condition nécessaire de la vie et de l'Évolution considérée comme condition de la maladie et du dépérissement sénile de l'organisme.*

Aussi bien faudrait-il pouvoir comparer d'une manière précise le capital vital de l'homme au capital vital de la femme.

Au cas où il serait prouvé scientifiquement — chose aujourd'hui impossible — que l'énergie masculine est supérieure à la féminine, il faudrait en outre, d'une part, évaluer la soustraction de force occasionnée au mâle par l'acte générateur et considérer qu'après la fécondation le mâle continue seul à dépenser de l'énergie sexuelle, et, d'autre part, calculer l'accroissement de force vitale dont le même acte fait bénéficier la femme par la fécondation.

Et si la comparaison des totales dépenses sexuelles respectives de l'homme et de la femme révélait que, quantitativement, celle-ci consacre à la perpétuation de la race plus d'énergie que celui-là, il ne serait pas encore permis de conclure.

En effet, si l'on constatait, par exemple, que l'homme dépense 2 et la femme 3, la question ne serait point élucidée, car, à cause du mystère de la fécondation, on ignorerait si cette dépense 3 n'aurait pas été précédée d'un accroissement de force représentable par 4 ou 5, chose qui pourrait être. Avant de dogmatiser, il est absolument nécessaire de connaître d'une manière précise quel rôle joue la combinaison des germes dans l'organisme de la femme. Si d'un côté l'ovule fécondé demande des forces vitales correspondant à la femme, ne stimule-t-il pas, d'un autre côté, son énergie latente et ne lui donne-t-il pas, en réalité, plus qu'il ne retire ?

Quoi qu'il en soit, le problème que nous venons de poser

et qui se pose impérieusement, ne peut être résolu par les connaissances actuelles.

M. Fouillée prétend, en invoquant la physiologie, que la femme assure le salut de l'espèce aux dépends de son activité cérébrale.

Eh bien! consultons les physiologistes et voyons comment ils ont mesuré le travail cérébral.

M. Mosso a pu, *le premier*, en 1894, observer *directement* les variations thermiques du cerveau humain. Les recherches ont été faites sur une jeune fille de douze ans, Delphina Parodi.

« Le sommeil naturel amène un refroidissement rapide du cerveau..... Quand, dans le sommeil, il se produit un échauffement du cerveau, il coïncide avec des excitations venant du monde extérieur ou avec des phénomènes nerveux internes qui se manifestent par une modification de la respiration. C'est ainsi que l'aboiement d'un chien, le bruit de la toux d'un assistant, la prononciation de mots sans suite à l'appel de son nom, les paroles indistinctes et les mouvements légers qui accompagnent le travail psychique inconscient du rêve, déterminent une augmentation passagère de la température cérébrale. Cependant, au réveil, Delphina ne se souvenait de rien et disait n'avoir pas rêvé. Les faits nerveux qui produisent ces augmentations de température n'avaient laissé aucune trace dans la mémoire...
....

« Le rétablissement de la conscience après le réveil ne s'accompagne pas d'un développement de chaleur dans le cerveau; donc les accroissements de température paraissent plutôt dus à de simples conflagrations produites par l'excitation des nerfs sensitifs (1). »

D'après Helmoltz, Valentin et Schiff, les nerfs sont plus chauds pendant l'activité que pendant le repos.

Mais, selon Schiff, « l'activité psychique, indépendamment des impressions sensitives qui la mettent en jeu, est liée à une production de chaleur dans les centres nerveux, chaleur quantitativement supérieure à celle qu'engendrent les simples impressions des sens » (2).

Si Schiff entend par « activité psychique » l'activité consciente, il est en contradiction avec Mosso.

D'autre part, les expériences de Lombard — citées par Sergi (3) — dont François Franck et Istamonoff ont montré le caractère erroné (4), concorderaient en une certaine manière avec celles de Mosso puisque, selon le physiologiste américain, « l'activité émotionnelle du cerveau produit une élévation de température le plus souvent plus rapide et plus considérable que l'activité intellectuelle (5) ».

Comment donc en présence de telles contradictions, de telles incertitudes des physiologistes, un de nos plus grands philosophes peut-il conclure ? (6). »

(1) H. Beaunis et A. Binet. *L'Année psychologique*, t. i, p. 304-305.

(2) Herzen. *Le Cerveau et l'Activité cérébrale*, p. 128.

(3) Sergi. *Psychologie physiologique.*

(4) H. Beaunis et Binet. *L'Année psychologique*, t. i, p. 304-305.

(5) *Experimental Reserches on the temperature of the head. (In Procedings of Royal society.)*

(6) Si la poursuite impérieuse du vrai nous conduit à critiquer vivement certaines idées de M. Fouillée, est-il besoin de dire

Et notre surprise est d'autant plus légitime que *même une concordance absolue* de toutes les observations thermométriques sur le cerveau, n'apprendrait rien de précis sur le *travail* cérébral.

M. Herzen a vu clairement l'insuffisance de ces recherches et l'a signalée avec une force remarquable : « la thermométrie révèle pour le cerveau, de même que pour *tout* autre organe qui entre en activité, un échauffement; mais il est évident que la thermométrie la plus parfaite ne peut nous indiquer qu'une seule chose ; l'état thermique momentané d'un objet quelconque et nullement la manière dont cet état a été produit dans l'objet. Un corps quelconque nous paraît s'échauffer d'un degré, par exemple; mais que s'est-il passé en lui, un simple échauffement d'un degré ou bien un échauffement de trois degrés accompagnés d'un refroidissement de deux degrés ? Impossible de le savoir dans le cas où la calorimétrie n'est pas applicable, à moins de réussir *à séparer et à constater isolément* les processus calorifiques d'une part, et, d'autre part, les processus frigorifiques qui ont lieu simultanément — si tant est que ces derniers existent.

Or, tandis qu'on y a réussi jusqu'à un certain point pour le muscle, rien de semblable n'a été constaté pour le cerveau, de sorte qu'il nous est impossible de savoir si, dans un cerveau actif, toute la chaleur dégagée par les réactions chimiques qui se passent dans ces éléments histologiques est mise en liberté *comme telle,*

que cela ne saurait point diminuer notre admiration pour l'un des plus nobles, des plus vastes et des plus sympathiques esprits de ce temps ?

ou bien si une partie de cette chaleur est consommée et se transforme en énergie psychique (1). »

Le pléthysmographe ne renseigne pas mieux que le thermomètre. « Burckhardt et K. Mays ont admis que sous l'influence de l'activité psychique, le sang afflue au cerveau (vaso-dilatation active) et que cet afflux déterminerait une anémie périphérique (main et pied). D'après les observations de M. Mosso, il n'en serait pas ainsi. « En réalité, les changements de volume du cerveau produits par l'activité psychique sont tellement faibles que leur valeur absolue, comparée à celle de l'avant-bras et du pied, peut être négligée et infirme cette hypothèse (2). »

MM. Binet et Courtier ont observé que le changement de volume du cerveau pendant le travail intellectuel est *lent à se produire*. L'hyperhémie du cerveau n'est donc pas une cause de l'activité psychique, elle en est bien plutôt un effet. Mosso est encore de cet avis dans son ouvrage sur *La fatigue* (p. 112, trad. fançaise). Pour lui, les phénomènes circulatoires n'ont pas, dans le travail intellectuel, l'importance qu'on leur a attribué : « La cellule nerveuse, dit-il, a assez de matériaux de réserve pour subvenir aux actes de conscience sans avoir besoin d'une modification correspondante dans l'afflux du sang. On a vu, chez les personnes qui ont une lacune dans l'étendue des parois osseuses du crâne, le phénomène de l'attention com-

_____
(1) HERZEN. *Le Cerveau et l'Activité cérébrale*, p. 129-130.
(2) *L'Année psychologique*, t. I, p. 305-306.

mencer avant qu'il y eut le moindre changement dans la circulation cérébrale (1). »

Donc, non-seulement — ainsi que nous l'avons établi au chap. II — on ne peut mesurer la qualité des opérations mentales, mais encore le *travail cérébral* pendant l'activité psychique *consciente* échappe aux observations des physiologistes.

Les travaux tout récents de MM. Binet et Vaschide montrent d'ailleurs que des phénomènes psychiques très différents pour la conscience, se traduisent physiologiquement sous une forme équivalente (2).

Aussi, dire que le cerveau féminin « est moins susceptible d'efforts prolongés et intenses » que celui de l'homme, c'est, à l'heure actuelle, faire une affirmation qui ne repose sur aucun fait positif, nettement, définitivement établi par un savant véritable.

Ici encore, il y a confusion entre observer et déduire.

Bien plus, si, des expériences psycho-physiologiques — trop peu nombreuses d'ailleurs — quelqu'un osait tirer déjà des conclusions, ces conclusions ne pourraient être qu'en faveur du sexe féminin.

Il est aujourd'hui universellement admis que la femme est plus émotive que l'homme. Et pendant la menstruation, la gestation et l'allaitement, cette vive émotivité ne s'émousse pas, au contraire elle s'aiguise.

---

(1) Binet et Courtier. *Effets du travail intellectuel sur la circulation capillaire*, p. 44. (*L'Année psychologique*, t. III.)

(2) *Influence du Travail intellectuel, des Émotions et du Travail physique sur la pression du sang.* (*L'Année psychologique*, 3e année.)

Or, depuis les beaux travaux de MM. Binet et Vaschide, nous savons que la vie émotionnelle soutire plus de force que la vie intellectuelle. Ainsi se trouve justifiée l'hypothèse que nous faisions en 1896 dans notre essai sur *La femme devant la science*. Il semble donc, disions-nous — c'est l'*hypothèse provisoire* la plus plausible qui puisse se bâtir sur les insuffisantes connaissances actuelles — que le cerveau de la femme *travaille* plus que celui de l'homme (quoique d'une autre manière) puisque l'échauffement cérébral paraît résulter de l'excitation *externe* et *interne* des nerfs sensitifs.

En résumé, l'examen impartial et attentif des principales données de la biologie, impose les conclusions suivantes :

1° Il est impossible, à l'heure présente, de comparer le capital vital de l'homme au capital vital de la femme ;

2° On ignore le rôle dynamogène de la combinaison des éléments sexuels, c'est-à-dire dans quelle mesure le phénomène de la fécondation rend actives les virtualités psychiques et somatiques de la femme ;

3° Le travail cérébral, pendant l'activité consciente de la pensée échappe à toute évaluation précise ;

4° La vie émotionnelle soutire plus de force que la vie intellectuelle et la femme est plus émotive que l'homme ;

5° Grâce à l'adaptation de l'effort à l'acte, grâce aux lois de répétition et de spécification, à la réduction possible du nombre de ses enfants et de la durée de sa période féconde, il est infiniment probable que la femme réalisera d'importantes économies d'énergie vitale au profit de ses autres fonctions ;

6° La puissance sexuelle n'est pas signifiée par le *nombre* de rejetons, mais par le degré de suprématie et de persistance de l'espèce ;

7° Il n'est nullement démontré que la femme dépense plus d'énergie sexuelle que l'homme ; le contraire même n'est pas improbable ;

8° Pour toutes ces raisons, il faut reconnaître que l'antagonisme entre la puissance mentale et la puissance génésique ne saurait scientifiquement se soutenir.

Aussi, déclarer que le sexe féminin doit rester intellectuellement inférieur à cause de l'alimentation de la race, ce n'est point dériver cette conviction de la science expérimentale, mais des suggestions suspectes d'un *sentiment masculin* que la raison affranchie, que la haute et libre critique philosophique récusent.

En réalité, tous les arguments contre la femme se réduisent à cet étrange syllogisme :

L'homme *libre*, en quelques millénaires, a produit une certaine civilisation ; la femme *esclave*, pendant le même temps, n'a pas produit des choses très personnelles ; donc la femme ne créera jamais rien d'original. Raisonner de la sorte, c'est admettre que l'espèce humaine traverse les temps sans changer. Nous pensons avec M. Fouillée que ce qui a été « décidé chez les protozoaires préhistoriques » ne peut être annulé par « un acte du parlement » ; mais résoudre la question en la simplifiant ainsi, ce serait, nous semble-t-il, descendre des régions lumineuses de la philosophie pour se fourvoyer dans les sentiers obscurs de la dialectique habile. Le problème est celui-ci. Dans une civilisation où l'intelligence supprimera les luttes instinctives et brutales, la femme pourra-t-elle conquérir l'autonomie de la pensée et ainsi, par une vision propre du monde, faire s'ouvrir l'ère supérieure de l'humanité ?

Dire avec MM. Geddes et Thomson qu'il faudrait pour cela recommencer l'évolution sur une nouvelle base, ce n'est pas bien raisonner. Malgré l'égalité primordiale des gamètes qui se conjuguent pour ensuite recommencer à se diviser chacun pour son compte, on voit naître les sexes. Pourquoi ce changement profond dont le retentissement traverse les époques géologiques ? L'évolution pour cela a-t-elle recommencé sur de nouvelles bases ?

Or, voici quelque chose de nouveau : *la conscience morale*. Certes, l'activité des protozoaires ne laisse point prévoir les préoccupations morales et esthétiques de notre espèce.

Pendant toute la période de l'évolution où les rapports entre les êtres étaient régis par la force brutale, la femme se montra inférieure.

Mais cela ne l'empêcha point d'emmagasiner une énergie psychique considérable, grâce à la maternité qui augmente sans cesse sa puissance émotive. Elle est devenue supérieure par le sentiment. Et dans les sociétés, ce ne sont pas, du moins pour longtemps encore, les idées qui déterminent les relations entre les individus.

Les idées n'agissent dans le peuple qu'en se transformant en sentiments et c'est pourquoi il faut associer la femme à la nouvelle vie sociale qui se prépare. La vie supérieure de l'esprit est l'épanouissement superbe de la vie du cœur. La femme peut donc apporter de grandes et belles choses.

Et nous comparerions volontiers les réserves psychiques de la femme à un volcan de Lémery. Lentement, sourdement, la combinaison s'opère et tout à coup les richesses intérieures apparaissent et s'élancent vers le ciel. Les temps viennent où la femme va montrer au grand jour de la civilisation ce que la gestation des siècles élabora dans son cœur.

CHAPITRE X

Progrès respectifs de l'Homme et de la Femme.

Ces progrès sont-ils uniformes ?

Notre civilisation est-elle atteinte d'incurable sénilité ?

CHAPITRE X

Ces progrès sont-ils uniformes ?
Notre civilisation est-elle atteinte d'incurable sénilité ?

Les contradictions abondent chez les meilleurs esprits; nous l'avons montré par de nombreux exemples. Mais les grands philosophes ne se contredisent guère que dans les détails.

Aussi est-il piquant de voir Darwin et Spencer, affirmer, eux les pères de l'évolutionisme, que le développement de la femme est terminé. On ne voit pas comment il serait possible de concilier une telle opinion avec celle-ci : « la nature humaine est indéfiniment modifiable, mais elle ne peut se modifier que lentement ». (1). Pour vérifier la justesse de cette affirmation il suffit de jeter un coup d'œil synthétique sur les peuples éteints ou existant encore qui sont parvenus à des degrés divers de perfection sociale. Nous constatons

(1) SPENCER. *La Science sociale,* p. 127.

ainsi des différences intellectuelles tellement grandes que c'est une erreur de vouloir poser les bases d'une psychologie des sexes marquée au coin de la science, en considérant quelques phénomènes — grossiers malgré tout — de la fécondation et les manifestations mentales du couple humain actuel, c'est-à-dire son état *provisoire, fugitif*, heure rapide de l'évolution éternelle. Quels points de contact trouverait-on entre la civilisation des Hindous et celle des Grecs; entre un Chinois et un Français; entre les femmes du Paraguay et les Européennes; entre les sentiments des Indiens de l'Orénoque ou du Brésil et nos propres sentiments; entre l'instinct maternel chez les Wintun de Californie et le dévouement sublime de nos mères? Au dernier terme de leur progrès, les humains aboutiront peut-être à une civilisation unique; mais avant que se réalise cette suprême synthèse, les races différentes condenseront leurs pensées, leurs rêves, leur idéal, en œuvres fort dissemblables, témoignant ainsi d'une organisation psychique très diverse.

Mais s'il est un substrat de la nature humaine partout généralement identique — chose soutenable — il faut reconnaître néanmoins que le concept de la vie évolue sensiblement. Les religions *dogmatiques* s'évanouissent peu à peu pour aboutir à une disparition définitive. La morale actuelle, d'ailleurs insuffisante, qui est sensée régler les rapports des hommes entre eux, se dissipera comme les vains fantômes de la nuit aux clartés flambantes de l'aurore. Une science véritable de la diverse activité humaine modifiera de fond en comble la vie sociale qui, aujourd'hui, dérive de chimériques visions, de conceptions séduisantes, mais qui n'ont aucune base solide : la morale sera pragmatique.

M. Fouillée, dans son beau livre *tempérament et caractère* a sans doute voulu établir la psychologie des sexes à un moment donné de l'évolution ; mais alors, pourquoi du présent déduit-il un identique avenir ? Pourquoi des premiers stades de la civilisation où la sanction suprême est la force brutale, déduit-il la psychologie définitive des sexes, alors que, dans la future société, le seul facteur important sera la claire intelligence ?

M. Fouillée dit aussi que « le rôle et les occupations sociales de l'homme exigent une force d'intelligence, une vigueur d'esprit scientifique qui ne sont point nécessaires à la femme, qui même pourraient lui être nuisibles dans l'accomplissement de ses vrais fonctions ». Nous avons déjà démontré que ces craintes n'ont pas de base positive ; qu'elles dérivent de considérations peut-être inconsciemment égoïstes et surtout d'un idéal humain dont on ne saurait accepter l'immuable forme.

« On ne se figure pas bien, dit encore M. Fouillée, une femme Shakespeare ou Hugo, une femme Aristote ou Descartes, une femme Beethoven ou Wagner » (p. 246).

Une femme qui aurait le génie d'Hugo ou de Descartes, etc., c'est-à-dire un génie de *même nature*, assurément non ; mais un génie féminin d'une puissance équivalente à celle de Victor Hugo, Aristote, Descartes, Wagner, etc., pourquoi pas ? Sans doute parce qu'on n'en a jamais vu !

Mais si le sexe féminin n'a pas fourni de grands génies intellectuels, il a produit un très grands nombre, de génies de bonté, de grâce, de beauté, de courage, de persévérance, de dévouement. Et qui oserait comparer ces deux sortes de génies et dire, ceux-ci sont moins nécessaires que ceux-la à l'ascencion morale de l'humanité?

Nous parlerons plus loin du rôle de la grâce et de la beauté de la femme dans la civilisation. Il nous faut examiner maintenant la signification des résultats d'une liberté plus ou moins complète accordée au sexe féminin depuis cinquante ans en diverses contrées. Si, depuis qu'elle a conquis les droits civils et même politiques en quelques pays, depuis que l'instruction lui est largement donnée, la femme ne s'est point rapprochée de l'homme par son niveau intellectuel, on pourra conclure avec une apparence de raison qu'elle est affligée d'une incurable infirmité mentale.

Or, l'observation du mouvement social en Europe, en Amérique et en Australie impose la conviction très nette que la femme joue un rôle de jour en jour plus efficace, révèle des ressources d'esprits dont la richesse, dans la plupart des cas, ne le cède en rien à celle de l'homme.

Les femmes s'assimilent toutes sortes de connaissances avec facilité. C'est ainsi qu'elles deviennent avocats, docteurs, professeurs, journalistes, juges, pasteurs, architectes, ingénieurs, procureurs généraux, mécaniciennes, etc.

On trouve déjà en Europe de nombreuses femmes très remarquables par leur savoir et par l'importance sociale qu'elles ont su conquérir en moins d'un demi-siècle (1) ; mais c'est surtout dans la libre Amérique qu'il faut chercher des faits véritablement démonstratifs.

Dès l'époque coloniale, les femmes s'illustrèrent par leur courage, leur dévouement à la patrie, par une force morale indomptable.

Elles brillent maintenant dans les lettres, les sciences et les arts ; elles fondent des sociétés scientifiques et philosophiques et savent aussi abandonner les abstractions pour réaliser, avec un admirable sens pratique et une persévérance dont le sexe masculin offre peu d'exemples, les améliorations sociales les plus diverses.

Nous étudierons plus loin si le développement intellectuel de la femme, tel qu'il est compris aux États-Unis, peut concourir au plus grand bonheur humain ; nous nous bornons pour l'instant, à constater que déjà, sur les autres rives de l'Atlantique, la femme, en s'essayant dans les œuvres de toutes sortes, dans les plus pratiques et les plus concrètes comme dans les plus théoriques et les plus abstraites soit dans les investigations de la science, les créations artistiques et les hautes spéculations de la philosophie, a fait preuve d'une capacité sensiblement *équivalente* à celle de l'homme.

Nous nous abstiendrons d'accumuler des preuves, car de nombreux ouvrages (1) et périodiques ont initié même le grand public à la vie américaine.

(1) Voir, dans la *Revue encyclopédique ; Les Femmes et les Féministes.* (28 novembre 1896.)

(1) C. VARIGNY. *La Femme aux États-Unis,* 1893. — Paul BOURGET. *Outre-Mer,* 1895. — Th. BENTZON. *Les Américaines chez elles,* 1896. — M. DUGARD. *La Société américaine,* 1896, etc.

L'évolution féminine est d'ailleurs si visible que les auteurs misogynes qui semblaient avoir établi leur opinion sur les arguments les plus scientifiques sont obligés de venir à résipiscence. Tel M. Herbert Spencer qui, dans *Justice* (p. 186) écrit les significatives paroles suivantes : « Si le quantum de liberté devait donc se régler sur les capacités, l'opération, fût-elle possible, n'aurait pas à tenir compte du sexe ».

Ainsi, le prétendu antagonisme entre la puissance mentale et la puissance sexuelle, qui ne résiste point à l'analyse rigoureuse, paraît définitivement se ruiner par l'expérience, par les faits tangibles et incessants qui éclatent à tous les yeux, s'affirment chaque jour d'une manière plus impérieuse et s'irradient chez tous les peuples avec le progrès de l'émancipation évoluant vers l'intégrale liberté.

Ces résultats autorisent des déductions d'autant plus hardies qu'ils se sont produits en le court espace d'un demi-siècle et que, par conséquent, même dans les nations où elle a conquis à peu près tous ses droits, la femme doit lutter encore contre une néfaste influence héréditaire.

Il est donc permis de déduire des faits sociaux contemporains qu'avec la liberté le développement psychique croît — du moins provisoirement — d'une manière plus rapide chez la femme que chez l'homme, c'est-à-dire que les différences de valeur intellectuelle, nées du règne de la force brutale, disparaissent avec le détrônement de celle-ci.

Nombre d'écrivains prennent au tragique les sourdes fermentations qui troublent la civilisation présente ; à leur avis, c'est là le signe d'une irrémédiable décadence. Notre civilisation est trop vieille disent-ils ; elle a épuisé toutes les manifestations possibles. Eh quoi ! parvenus au dernier terme de leur évolution les êtres qui, chaque jour, déploient une force inventive nouvelle, multiplient les découvertes, se posent les problèmes les plus complexes et, avec une infatigable ardeur, s'acharnent à les résoudre ? Trop vieille, notre civilisation où la construction du bien-être matériel est à peine ébauchée ; où les mots « morale », « justice », représentent des choses très vagues ; où les sciences mêmes ne jettent que de naissantes lueurs ?

La mécanique a certes réalisé des merveilles, mais les peuples au lieu d'être gouvernés par la raison s'appuyant sur des principes solides, le sont par des hommes que le hasard des passions fait surgir des urnes, et qui obéissent aux événements plutôt qu'ils ne les provoquent ou ne les dirigent ; les lois ne sont point accordées aux modifications de l'individu : souvent, au lieu de protéger l'être humain, elles paralysent son expansion normale ; il faut chercher une équitable répartition des richesses ; établir un salutaire équilibre entre la production et la consommation ; éliminer l'odieux parasitisme qui se dissimule sous des masques divers ; accomoder nos demeures aux moyens de locomotion et de communication supprimant en quelque sorte la distance ; étudier quelle influence — physique, morale, intellectuelle — exerce sur l'individu la densité des agglomérations humaines, c'est-à-dire transformer la superficielle hygiène publique et privée en une science plus vaste, plus profonde, *l'hygiène sociale* ;

débarrásser le citoyen des mille entraves des conventions, des « formes clichées » qui empêchent les beaux élans, l'originalité féconde et le font s'atrophier en d'enfantines et stériles préoccupations ; il faut trouver un système d'éducation rationnel, susceptible de former des caractères, c'est-à-dire d'accroître dans le cerveau la puissance des centres d'arrêt, corrélativement à la facilité toujours plus grande de commettre des actes à conséquences formidables ; il faut supprimer la défiance imbécile entre les sexes ; rendre évident le principe impérissable d'une morale universelle... Que de choses à modifier, à créer !

Et c'est au moment où les peuples entrevoient l'aube d'une vie infiniment plus harmonieuse et plus diverse ; où dans tous les cœurs éclosent d'invincibles aspirations ; où dans tous les cerveaux se condense plus de science, plus de critique, plus de vitalité intellectuelle, c'est à ce moment que la civilisation serait atteinte d'incurable sénilité ? Non ! tous ces efforts divergents, cette inquiétude, cette agitation des peuples témoignent d'une incontestable vigueur ; mais nous traversons une période terrible, la période d'analyse qui a détruit toutes les choses sacrées, tous les dieux, toutes les croyances dont jadis l'infrangible unité faisait la quiétude mentale de nos pères. Les esprits insuffisamment philosophiques s'égarent parmi ces débris épars ; — mélancolique symbole des saintes quoique insuffisantes croyances disparues sans retour — ils s'effrayent car de la multitude des faits accumulés par l'expérimentation ; ils sont impuissants à faire surgir une supérieure synthèse.

Mais vienne le philosophe magique — et il viendra — capable de fixer dans sa conscience lumineuse et robuste les principaux éléments de l'analyse moderne et une radieuse synthèse en sortira élargissant, élevant, intensifiant la vie humaine. Alors se construira la vraie science sociale; la morale sera pragmatique.

Et ce qui doit infuser à la pensée une énergie nouvelle et désormais intarissable, c'est l'évolution libre de la femme, ce sont les combinaisons mentales des sexes.

Les infusoires se rajeunissent par leur conjugaison; l'esprit humain jettera de prodigieux coefficients devant sa vigueur et sa richesse par le coït subtil des idées et des sentiments des sexes.

Même dans ses périodes les plus brillantes, l'humanité n'aperçut que très vaguement et comme de rares éclairs à travers les visions de ses génies, la possibilité d'une vie supérieure du cœur rendue grandiose par la raison et l'impérieuse justice.

Les réflexes somatiques et psychiques ont presque seuls, au hasard des circonstances, créé de grandes choses, mais disparates, sans lien entre elles ; et si admirables qu'elles soient considérées isolément, ces merveilles ne donnent pas moins le triste spectacle du désordre qui règne encore dans les conceptions humaines.

Cependant peu à peu l'intelligence claire se dégage de l'aveugle instinct qui, dès lors, se trouve en présence de circonstances auxquelles il n'est pas adapté; l'unité d'une vie *spontanée, volontaire,* c'est-à-dire cherchant son principe dans la raison, dans la connaissance des vrais rapports de l'individu avec les forces modifiables du monde extérieur et des intelligences entre elles, cette unité non seulement apparaît possible, réalisable, mais elle se dessine déjà ; bientôt elle s'organisera en une efflorescence splendide.

Et c'est l'affranchissement de la femme qui rendra possible cette évolution supérieure.

CHAPITRE XI

La Femme libre

Ce qu'il faut entendre par liberté.
Comment l'individu humain s'affranchit.

CHAPITRE XI

Ce qu'il faut entendre par liberté.
Comment l'individu humain s'affranchit.

Il est dangereux, à notre époque, d'employer le mot
« liberté » sans le définir d'une manière précise car
selon les passions des personnes ou des coteries ce
vocable prend des significations différentes et bien
singulières.

Beaucoup l'assimilent à licence, désordre, débride-
ment des instincts ; expansion illimitée de l'individu,
comme s'il n'y en avait qu'un seul dans l'univers ; certains l'entendent dans le sens restreint et superficiel
de conquêtes des droits politiques...; pour presque
tous, ce terme signifie *extrême indépendance du geste.*

On raisonne comme si les actes physiques pouvaient
procurer le plus haut degré de liberté et comme si,
dans l'ordre social, l'indépendance de chacun n'était
pas limitée par l'invincible solidarité de la vie de tous.

Comment donc la femme peut-elle conquérir et manifester sa liberté? Est-ce simplement par le port de la culotte, le droit d'élire des députés ou par la pratique de la vélocipédie?

Au vrai l'individu ne s'affranchit que par l'agrandissement de sa conscience, l'élévation de sa pensée, l'esthétisation de ses plaisirs. Ce ne sont pas les lois civiles qui confèrent aux personnes leur véritable liberté; c'est le pouvoir intérieur et toujours croissant de résister aux suggestions des choses et des êtres, de se sentir une volonté irréductible parmi la multitude des forces extérieures.

A mesure que l'être humain s'élève, il acquiert la conviction inébranlable que le bonheur dépend bien plus de la variété et de la richesse progressives des combinaisons mentales que de la réalisation des actes brutaux.

Le bonheur réside essentiellement dans l'abstrait.

Et, en quelque sorte, cela est mathématiquement démontrable.

Malgré la diversité subtile des actes qui se multiplient ou, plus exactement, qui se modifient avec le caractère artificiel de la vie civilisée et, aussi, avec la densité des populations; malgré ce progrès apparent, le geste physique épuise vite notre force, notre sensibilité et s'exerce dans un cadre assez étroit.

Mais considérons le cerveau. Il contient six cent millions de cellules et plusieurs milliards de fibres; et les récentes investigations de MM. Golgi, Ramon y Cajal, His et Forel révèlent une complexité encore plus grande. Si nous admettons que chaque élément agit sur l'autre et réagit; si nous observons que tout, autour de l'homme change sans cesse, naturellement et par l'art, et, en conséquence, l'excitation externe se varie à l'infini ; grâce, ainsi, à la merveilleuse abondance des combinaisons de sentiment et surtout d'idées, n'est-ce pas dans la *sincérité intime*, dans l'exaltation de la vie intérieure que l'être humain peut trouver son maximum de liberté, soit de bonheur vrai ?

Aussi peut-on affirmer sans paradoxe que Socrate, la veille de sa mort, s'entretenant avec ses disciples de choses éternelles, devait être infiniment plus libre dans sa prison que n'importe quel autocrate dont l'or et la puissance lui assurent l'empire de l'arbitraire, soit du geste pitoyablement infirme au regard philosophique.

Qu'est-ce donc que donner la liberté à un individu ? C'est le mettre dans conditions telles que sa conscience s'éclaire d'une lumière toujours plus vive, son intelligence s'aiguise et s'étende, son jugement se rectifie, ses sentiments s'améliorent, en un mot, que toutes ses activités physiques et mentales s'harmonisent en un beau caractère d'où jaillisse une *volonté* impérieuse et lucide, capable de courber sous son joug les instincts inadaptés.

L'individu s'affranchit en rentrant en soi, en prenant conscience de son autonomie mentale ; non point pour se réfugier en une stérile et maladive introspection, mais afin de chercher un solide point d'appui et de s'élancer ensuite avec plus de force vers un judicieux altruisme, principe de l'agrandissement, de l'embellissement de la vie, de son équilibration souveraine.

Et malgré des apparences fallacieuses, malgré un certain « individualisme » dont la pensée contemporaine s'intoxique, la société est en péril faute d'individus.

Voyez plutôt comme des milliers d'électeurs qui se

croient des hommes libres en brandissant un bulletin de vote donnent dans les grossiers sophismes des néo-chrysostomes de la politique dont les périodes creuses éclatent comme des fanfares.

Le monde est déjà encombré de stériles hâbleurs, gonflés d'idées vagues et indigents d'idées nettes et générales ; et ce n'est point pour augmenter le nombre de ces « personnages », vivant, tels certains arbres, simplement par l'écorce, qu'il faut accorder la liberté à la femme, mais bien pour essayer la conquête d'une vie plus consciente, plus intérieure, plus profonde, plus intense, plus *sincère*.

Donc nous demandons pour la femme la liberté essentielle par laquelle l'individu devient moralement plus grand et plus beau.

Nous demandons que, grâce aux lois, soit à la volonté de l'homme, la femme puisse désormais faire épanouir normalement les puissances intellectuelles que les siècles accumulèrent au fond de son cœur.

Et comme l'intellect est la splendeur de la vie affective, n'y a-t-il pas lieu d'attendre un précieux apport du sexe féminin dès qu'il se trouvera dans un ensemble de conditions très favorables ?

L'homme finira bien par comprendre combien il est absurde d'immobiliser un très probable capital moral et intellectuel de la moité de l'espèce et d'ajouter ce vaste étouffement aux immenses et incroyables gaspillages de l'humanité (1).

(1) Voir *Les Gaspillages intellectuels et moraux*, par M. Pau-lhan. *(Nouvelle Revue*, t. xcv.) — *Les Gaspillages des Sociétés modernes,* par M. Novicow.

Au reste, est-elle donc si parfaite et si belle la civilisation qui donne au mâle l'illusion de marcher à travers les siècles dans sa propre gloire ?

Comme si les maux naturels, extra-sociaux, et extra-humains, venus on ne sait d'où ne suffisaient pas à la douleur de notre espèce, l'homme a fait surgir de terribles fléaux du fond de son génie : l'alcoolisme, la paix armée ; l'agglomération aujourd'hui monstrueuse et funeste ; la désagrégation des caractères, l'émiettement psychologique par une culture mentale trop partielle et d'ailleurs mal comprise ; etc., toutes merveilles qui constituent de formidables causes de dégénérescence (1).

Et puisque des germes regressifs s'infiltrent ainsi chez tous les peuples et font se ruer l'individu vers les jouissances élémentaires, c'est-à-dire violentes et immédiates ; puisque le pur sourire, le vrai sourire de la vie et de la joie sereine se trempe d'un fatal renoncement, illumine la physionomie et le cœur de reflets toujours plus brefs, peut-être le moment est-il venu pour la femme de réagir d'une manière plus directe au monde extérieur ; de se mêler hardiment à la vie sociale sérieuse, souvent tragique et de faire rayonner au loin le magnétisme de ses facultés jeunes et généreuses.

(1) Voir Dr Legrain. *Alcoolisme et Dégénérescence ; l'Alcoolisme au point de vue sociologique.* (*Revue scientifique,* 10 et 17 avril 1897.) — Dr Laborde. *L'Alcoolisme au point de vue physiologique.* (*Revue scientifique,* 29 mai 1897). — A. Fouillée. *Les Jeunes criminels, l'École et la Presse.* (*Revue des Deux-Mondes,* 15 janvier 1897. — G. Tarde. *La Jeunesse criminelle.* (*Archives d'anthropologie crimelle,* 15 juillet 1897.) — E. Buisson. *La Jeunesse criminelle et l'éducation.* (*Revue pédagogique,* avril 1895.) — Félix Pécault. *L'Éducation publique et la vie nationale.* (Hachette, 1897.)

Peut-être l'idéal *propre* de la femme où resplendira surtout le sentiment de la haute et inéluctable responsabilité que lui confère la fonction maternelle, pourra-t-il redonner au cœur de l'homme une vive fraîcheur comme la goutte d'eau, tombant sur la rose de Jéricho la fait refleurir.

Mais il nous faut essayer de rendre notre pensée plus claire car ils sont nombreux, ceux qui croient aux transformations subites des individus et des sociétés. Les malades espèrent guérir du jour au lendemain en avalant une drogue ; certains politiciens prétendent rendre heureux le peuple en modifiant une constitution ou en renversant un ministère ; les violents ont la candeur de vouloir résoudre la question sociale au moyen d'une « belle et terrible révolution ». La croyance au miracle subsiste encore vivace au fond des hommes.

Et suggestionnés par des esprits prestigieux mais flottants, qui se tiennent avec une incroyable facilité à la surface des questions comme le liège sur l'eau, les néophobes s'épouvantent en entendant parler de liberté pour la femme.

Affirmons donc, encore une fois, que le perfectionnement humain est très lent, car le perfectionnement, c'est la fixation organique par une infinité d'essais et de répétitions de ce que nous concevons de bon et de beau.

Et si les individus progressent très lentement, les sociétés s'améliorent avec une bien plus grande lenteur encore.

Nous pensons donc que les temps sont venus de permettre à la femme de donner sa mesure en toutes choses.

Il faut espérer que la liberté au travail enveloppera de dignité la femme seule et amènera « l'opinion publique » à respecter profondément la mère, *toute mère*.

La sotte hypocrisie de notre époque a créé un mot aussi barbare par sa formation que par le sentiment qu'il exprime. Nous stigmatisons du nom étrange de « fille-mère » la femme féconde et non mariée. Nous sommes devenus si légers, si puérils ; nous sommes tellement aveuglés par nos artifices, par nos mensonges que nous avons perdu le sens de toute beauté profonde. La maternité, ce phénomène essentiel à l'espèce, c'est-à-dire très beau, fait jaillir notre ironie basse et cruelle. Et nous avons déterminé un courant d'opinion si méchante que la « fille » enceinte se sent notée d'infamie. La réprobation qui l'entoure et la poursuit, elle la sent scandée par sa démarche la jeune femme aux flancs lourds de vie palpitante.

Cependant si cette femme, dont le front s'est courbé de honte sous le mépris — combien spirituel ! — qui tombait de nos regards, de notre sourire, de nos paroles mêmes, étrangle son enfant que nous avons fait son ennemi, notre indignation fougueuse et d'ailleurs sincère ! flétrit « la mère dénaturée » : avec une emphase admirable nous invoquons le respect de la vie !

C'est nous seuls qui sommes flétrissables.

Si la jeune fille non-mariée devient mère, c'est presque toujours par sincérité, par libre sélection. Cela devrait nous faire réfléchir et suffire à incliner notre respect.

En vérité notre pruderie apparaît tour à tour puérile, grotesque, stupide et odieuse.

Le droit à l'existence sociale ne l'enfermons donc plus dans le cadre étroit — déjà brisé du reste — que forgea le législateur romain, car nous *cherchons* encore une forme de société meilleure, une forme adéquate à l'évolution des individus et de l'espèce.

Sachons honorer la femme féconde, toujours et partout, chaque fois qu'elle s'affirme par ses nobles qualités maternelles. Plongeons en pleine vie afin de retremper nos sentiments légers et mauvais aux sources profondes et purificatrices : élargissons l'humanité !

Il viendra un jour où nul n'osera prononcer avec ironie ce nom « fille-mère », ce nom révélateur d'un état très bas de la conscience publique. Quiconque aurait quelque velléité de l'employer encore se sentira enveloppé d'une atmosphère si hostile, si méprisante que le mot disparaîtra de notre vocabulaire et le vil sentiment impliqué s'effacera de nos cœurs.

Mais l'émancipation de la femme n'amènera-t-elle pas un regrès social ? Certains le redoutent, d'autres l'espèrent. Aussi les porte-éteignoirs favorisent-ils très ouvertement la liberté de la femme.

Mais ces espoirs équivoques ne sauraient nous inspirer la moindre crainte : la liberté, telle que nous l'avons définie et telle que nous la demandons pour la femme, est à la fois cause et effet du progrès général.

Au reste, les retours en arrière sont plus apparents que réels. Le perfectionnement humain pourrait se comparer à la marche d'un homme s'effectuant sur le sable. Le sol mouvant réduit chaque pas, mais néanmoins le piéton avance toujours. Ainsi la civilisation.

Individus et peuples nous traînons sans cesse des choses agonisantes ou mortes. Et si nous nous retournons un instant nous croyons voir le passé reprendre la vitalité des anciens jours. Mais c'est une illusion ; psychologiquement, rien de ce qui s'est évanoui ne saurait reparaître sous sa forme première.

C'est pourquoi — disons-le ici en passant — MM. Brunetière, Balfour, Melchior de Voguë, Henry Béranger, etc. qui voudraient faire revivre les anciennes croyances ont entrepris une œuvre vaine. « On n'entre pas deux fois dans le même fleuve, » dit Héraclite et cette forte parole est, en quelque sorte, vérifiée par la psychologie.

C'est pourquoi aussi les nombreuses ligues qui se fondent pour associer les femmes à un mouvement rétrograde courent à un inévitable échec. Il est même inutile de les combattre, car tous ces essais de fixation du présent ou de retour au passé seront emportés comme fétus de paille par le large courant qui invinciblement nous entraîne. Il faut regarder le monde avec des yeux étrangement myopes ou singulièrement prévenus pour ne pas entrevoir les changements profonds qui se sont produits dans nos concepts religieux ; nos instincts de propriété et nos sentiments de liberté individuelle.

Sans doute l'histoire nous montre d'incontestables phénomènes de décadence. En Afrique, le retour des Arabes et du Monomotapa à un état voisin de la barbarie ; en Europe, l'éclipse de la civilisation gréco-romaine sont, entre autres, de grands et éloquents exemples de régression sociale.

Mais partout il s'est agi de civilisations particulières, s'épanouissant au milieu de peuples barbares, ou englobant des races diverses, très différentes par la langue, les mœurs, les institutions, la religion, etc. Et ces civilisations, malgré toute leur splendeur, ne peuvent être comparées à celle qui, lentement, s'édifie de nos jours. Grâce aux multiples et rapides voies de communication faisant circuler les pensées de plus en plus solidaires dans la totale humanité; grâce aux conditions économiques, morales, juridiques et politiques qui ne tarderont pas à emprunter à une vaste synthèse sociologique une formule universelle, la civilisation de l'avenir sera sans doute à l'abri des réactions de naguère, surtout si l'Europe et l'Amérique présentent une résistance invincible, de suffisante durée, à la redoutable expansive brutale de la race jaune.

M. Gaston Richard (*Revue philosophique*, avril 1897) nous oppose le singulier phénomène du retour à la vengeance collective, le lynchage dont la fréquence ne semble pas diminuer en Amérique.

Le lynchage, à le considérer du seul point de vue historique est, en effet déconcertant; mais ne perd-il pas de son caractère étrange si on l'examine à la lumière de la psychologie?

Les recherches contemporaines ont montré que toute régression mentale va du complexe au simple : la régression descend l'échelle de l'évolution. Ce sont les concepts de formation récente qui sont les moins stables.

Or, s'il est un concept complexe, délicat et d'acquisition nouvelle, c'est bien celui de justice sociale avec tout l'appareil de garanties qui enveloppe l'individu et tend à le protéger contre l'arbitraire.

Au Nouveau-Monde, la lutte acharnée contre la nature donna d'abord à l'individu le sentiment d'une liberté dont l'audace seule traçait les limites. Aussi est-il compréhensible que dans cette civilisation hâtive dont les agglomérations se formèrent d'une manière extraordinairement rapide, l'adaptation des hommes aux concessions réciproques et nécessaires de la vie en commun soit fort imparfaite malgré les apparences; et que, dans les cas ou la passion s'allume, la frénésie d'activité puisse s'emparer vite de la foule et la pousser à se conduire selon les formes inférieures de la défense instinctive.

Au reste, même dans notre vieille Europe si policée, nous retrouvons facilement la trace de ce sentiment cruel qui, aux Etats-Unis, fait éclater la joie féroce de la foule autour du pendu qui se balance dans l'air. Un assassin, pris en flagrant délit, ou simplement un accusé, ne faut-il pas souvent le protéger contre la foule qui veut l'écharper?

Ici, la police peut réfréner des instints atténués par une existence moins active et par une justice plus concrète, plus solidement organisée. Mais, en réalité, partout, la foule confond encore, presque toujours, la justice avec la vengeance. Après une décapitation, on peut lire dans la plupart des journaux : « la société est vengée ».

Lorsqu'un agent de la force publique fait respecter la

loi, il agit au nom d'un principe abstrait; mais dès que le délinquant résiste, le représentant de la loi s'irrite et bientôt, dominé par les réflexes, ce n'est plus qu'un individu *luttant* contre un autre individu : la puissance des sentiments et des instincts a éclipsé pour un instant le concept pur de justice.

Pour nous donc, les phénomènes régressifs n'ont aucune signification inquiétante. Ils sont à l'ensemble du progrès humain ce qu'est la portion réduite de chaque pas à la distance que parcourt, néanmoins, quoique plus lentement, le voyageur marchant sur le sable.

La liberté, à considérer les choses dans leur ensemble, nous inspire une confiance absolue.

Mais il faut combattre sans trêve ce faux individualisme qui fait agir l'individu comme s'il était seul au monde. Cela n'est pas de la liberté. Rien n'est isolé dans l'univers.

CHAPITRE XII

Examen de quelques objections.

*L'émancipation des femmes met-elle en péril la grâce,
le goût, la finesse, l'élégance et la beauté ?*

CHAPITRE XII

EXAMEN DE QUELQUES OBJECTIONS

L'émancipation des femmes met-elle en péril la grâce,
le goût, la finesse, l'élégance et la beauté?

Quelques-uns des meilleurs esprits de notre temps,
des plus raffinés, des plus artistes et qui, volontiers,
souscrivent à cette opinion d'Alfred de Musset :

> Rien n'est beau que le vrai, dit un vers respecté,
> Et moi je vous dirai sans crainte de blasphème
> Rien n'est vrai que le beau, rien n'est vrai sans beauté.

redoutent l'émancipation des femmes. Si elles s'habil-
lent comme nous, si elles pensent comme nous, si elles
prennent les mêmes occupations; si elles deviennent
tout ce que nous sommes, socialement parlant, elles
n'auront plus la grâce qui nous charme, la finesse qui
nous séduit, l'élégance et la beauté dont notre plate
humanité se pare et s'illumine pour notre bonheur
d'un jour. Au milieu des illusions où notre brève existence s'agite comme dans un rêve, la vie supérieure
est faite d'élégance et de beauté. Chimères, tout le

reste dont notre raison orgueilleuse s'enfle et se grise. Nous nous trouvons ici en présence, non pas d'une opinion essentiellement contraire à la nôtre, mais en diffèrent faute d'une suffisante précision de langage. Efforçons-nous de faire disparaître toute équivoque.

Et d'abord, qu'est-ce que la beauté de la femme pour l'homme ? Elle varie avec les races, les époques et les civilisations. Les Grecs, par exemple, voyaient surtout la beauté dans la perfection plastique. Ils admiraient toujours à travers l'amour, ou plutôt à travers le plaisir égoïste, la conservatrice puissante de l'espèce. Il faut excepter les poètes, les artistes et les philosophes qui trouvaient dans les *hétères* des amies intellectuelles autant que sensuelles, mais non point cependant de vraies compagnes.

Depuis lors, le sens esthétique s'est modifié. Aujourd'hui, la beauté des femmes ne réside pas simplement pour nous dans la pureté des lignes du visage, le velouté de l'épiderme, le gracieux des courbes, la fermeté marmoréenne des chairs, la finesse des attaches. Nous sommes très sensibles aux charmes sensuels mais cela ne suffit pas à satisfaire notre conception de la beauté féminine.

Pour nous, elle ne se complète, elle ne devient la beauté suprême que par *l'expression* forte de la vie mentale. Et cette vie énergique du cœur et du cerveau nous en voulons admirer le brillant reflet dans le regard.

— Nous sommes d'accord, direz-vous ; mais précisément les trop fortes études que l'on veut imposer aux jeunes filles vont à l'encontre de notre idéal. Croyez-vous que le long commerce avec les graves livres de sciences, les attitudes penchées sur des bancs jusqu'à 18 ou 20 ans; l'apprentissage sévère de la précision dans les laboratoires; la fréquentation des *Pandectes* ou de la *Critique de la raison pure*, la conquête laborieuse d'une infinité de brevets..., en un mot, pensez-vous que la culture intellectuelle obligeant les jeunes filles à pâlir dans les austères bibliothèques soit propre à les rendre plus agréables à notre cœur et à nos sens? Les anatomistes qui les disséqueront plus tard (!), se pâmeront devant la beauté de leurs circonvolutions cérébrales, soit, mais de leur vivant, elles n'auront pu offrir que des ratiotinations ennuyeuses sur des systèmes philosophiques, comme compensation de l'indigence de leur chair et de leur peu de tendresse.

Les femmes nous plaisent surtout, parce que nous ne les comprenons pas. Si nous les connaissions parfaitement, qui sait si nous pourrions les aimer? Rappelez-vous ce mot profond de Renan : « la vérité est peut-être triste ».

Voilà des objections qui paraissent bien graves, car si la beauté des femmes devait diminuer par la liberté, nous protesterions contre leur émancipation.

Voyons si ces craintes dérivent de la connaissance exacte de la question.

La beauté plastique peut se perfectionner par les mouvements, les attitudes, par la gymnastique, les jeux, soit par des influences extérieures toutes mécaniques.

Mais les sensations esthétiques, les idées reflétant la beauté naturelle ou les créations humaines, ne peuvent-elles rendre à la matière ce qu'elles lui empruntent? Oui, car ce que l'esprit conçoit tend à se réaliser.

Une jeune fille voit un objet : il lui paraît beau. Son imagination s'exalte : elle le conçoit plus beau, beaucoup plus beau encore. Ses yeux rayonnent du plaisir esthétique; un reflet propre s'y fixe, toute sa physionomie s'illumine ; les cellules nerveuses vibrent sous un mode nouveau, inéprouvé jusqu'à ce jour... Et vous voulez que cette action infiniment répétée sur l'œil enlaidisse les femmes ?

Toute idée est un commencement d'acte : ce qui concerne la femme ferait-il exception? Non! L'intelligence tend invinciblement à s'objectiver. Nous touchons ici aux fatalités mêmes qui déterminent les formes humaines.

Emerson a dit : « Le monde physique, c'est de l'esprit précipité. » Si nous disons, nous, que le monde moral et intellectuel, c'est de la matière spiritualisée; si nous remarquons ainsi que le corps et l'esprit sont rendus essentiellement solidaires par la vie et que leur évolution indépendante est très limitée, ou, en d'autres termes, que la culture mal comprise des facultés mentales peut nuire au corps et inversement, nous devons conclure que l'instruction bien comprise, soit l'harmonique développement mental, ne saurait enlaidir le sexe féminin. Cela doit conduire, au contraire, au plus haut degré de beauté plastique possible et par suite au plus grand bonheur.

On ne saurait opposer sérieusement l'expérience présente ni le fait que, selon M. Lombroso, les femmes supérieures par le développement cérébral présentent les caractères masculins. D'abord, plusieurs femmes remarquables par l'étendue de leurs connaissances étaient belles et même très jolies.

Ensuite, dans notre état social actuel, où l'esprit est faussé par l'amour immodéré du galon, du diplôme, par l'abus des hochets de la vanité, on ne peut sérieusement déduire du travail hatif et excessif auquel on soumet les jeunes filles pour les faire « briller » dans les concours ou les examens, on ne peut déduire de cela des conséquences prochaines contraires à leur beauté.

Pour la généralité des jeunes personnes, l'instruction a un but pratique : elle doit servir soit à satisfaire une mesquine ambition mondaine, soit à exercer une profession lucrative. On emmagasine des connaissances pour les exploiter.

Sans prétendre que l'instruction ainsi absorbée presque exclusivement par la mémoire ne renferme pas quelques éléments de beauté et ne doit pas contribuer quelque peu à développer le sens esthétique, il est certain que ces acquisitions forcées, destinées à une utilisation banale et triviale, fatiguent l'organisme au lieu de contribuer à son heureuse évolution normale.

Or, cela ne continuera pas ainsi. On comprendra bientôt la vanité ou même le danger de la trop grande culture livresque. On reviendra à l'observation directe de la vie et alors on préférera « une tête bien faite à une tête bien pleine. » On donnera de la force, de l'élasticité, de la souplesse aux facultés intellectuelles, on ne les étouffera pas sous le poids d'une érudition dont on encombre la mémoire, fermant ainsi le cœur au sentiment profond de la poésie et l'âme à la volupté du divin enthousiasme.

En un mot, l'élargissement de l'intelligence ne peut qu'embellir la femme et faire aimer la vie au couple humain : seulement cela ne s'obtient pas au moyen du gavage de la mémoire.

Mais des penseurs de notre temps, retournant la question, se disent partisans de l'émancipation féminine, espérant que, grâce à ce mouvement vers «l'égalité des sexes », les femmes verront disparaître une partie de leurs moyens de séduction et diminueront l'influence néfaste de la galanterie. Il est incontestable que les femmes aveulissent souvent les hommes par l'excès des plaisirs de toute sorte où elles les entraînent. Et lorsque les civilisations déclinent, les femmes contribuent pour une large part à en précipiter la ruine.

Mais si les appas des femmes excitent trop notre sensualité, faut-il donc souhaiter qu'elles deviennent laides afin que nous parvenions à une suffisante sagesse ?

Non ! L'humanité mieux éclairée par la psychologie, doit s'élever à des plaisirs plus esthétiques, plus intellectuels, car chacun sait déjà que l'acte physique, si agréable soit-il, est toujours, à un certain degré, une piperie de l'espèce au détriment de l'individu. L'acte d'amour, comme tout acte, sans exception, jette la sanglante ironie de son insuffisance sur le rêve enchanté qui le provoca.

L'abus des plaisirs sexuels affaiblit la tension vitale qui fait fleurir le sourire sur les lèvres et dans les yeux, sourdre la bonté, la générosité, la poésie sublime, les intuitions cosmiques. Le bonheur ne réside pas dans la multiplication effrénée des plaisirs sensuels : l'être humain trouvera sa plus haute signification, son plaisir le plus vif et le plus durable dans le progrès des combinaisons mentales et dans la satisfaction modérée des sens. Les sexes comprendront que leur bonheur dépend en définitive, d'une grande sobriété dans la satisfaction de leurs rapports amoureux.

Et s'il y a encore parfois et souvent même antagonisme entre la beauté physique et la beauté morale — du moins selon une certaine conscience superficielle — nous ne pensons pas que cette contradiction soit organique. Nous sommes convaincu, au contraire, que la beauté physique des femmes est, en quelque sorte, la matérialisation de leur sincérité, de leur désir de plaire à l'homme et nous apercevons là un parallélisme entre l'évolution plastique et l'évolution psychique.

Il ne faut donc pas redouter que les femmes s'enlaidissent par la liberté ni surtout souhaiter un si horrible phénomène. Ce n'est point d'ailleurs la laideur des femmes qui pourrait sauver les hommes des débordements funestes à leur volonté et par suite au progrès. Mais la beauté féminine est un stimulant unique pour la persévérance dans les efforts, les actions d'éclat, l'héroïsme, les créations littéraires et artistiques des hommes.

Sans doute, dans la période trop instinctive où l'humanité se trouve encore, la beauté féminine fait souvent périr les germes des grandes choses, d'œuvres vouées à l'immortalité en consumant trop d'énergie dans le temple d'Eros. Que de cerveaux puissants, par l'ivresse du plaisir physique, les femmes absorbent ; que de génies

peut-êtres elles dévorent ! Mais cela tient à la prédo-
minance de l'attrait sexuel qui dompte les plus fières
énergies, les volontés les plus solides, encore trop peu
autonomes.

Et une science meilleure de la vie et des conditions
normales de son développement intégral fera éviter les
excès pernicieux : elle donnera au sexe masculin des aspirations telles que la beauté féminine au lieu de collaborer à la déchéance des individus et des peuples con-
tribuera à l'ascension morale des sociétés et à l'embellissement de la race.

CHAPITRE XIII

L'Amour

Ce qu'il a été; ce qu'il est; ce qu'il doit devenir.

CHAPITRE XIII.

L'AMOUR.

Ce qu'il a été. — Ce qu'il est. — Ce qu'il doit devenir.

A l'origine, les plaisirs sexuels s'accompagnaient d'une simple volupté physique. Mais en vertu de la loi de répétition qui domine l'évolution vitale, ce plaisir, pour subsister, a dû perdre peu à peu de son caractère exclusivement réflexe.

D'abord simple attraction physique, il s'agrémenta bientôt d'un sentiment qui se compliqua, se subtilisa et envahit même la mentalité toute entière. C'est ainsi qu'il est devenu sentiment moral, religieux, esthétique.

Et arrivés à une certaine période de l'évolution, l'homme et la femme ayant pris conscience de leur raison, de leur *volonté* se croient affranchis. Ils prétendent avoir dompté les réflexes et ils établissent des lois sociales que l'amour ne doit pas enfreindre.

Mais ils ne tardent pas à s'apercevoir que ces règlements sont ou prématurés ou en désaccord absurde avec la nature. Le sentiment qui devait les libérer de l'impulsivité première devient lui-même un réflexe psychique. Et de même que l'amphioxus verse toute son énergie vitale dans l'acte générateur, de même l'être humain laisse absorber sa vie entière par le sentiment de l'amour.

Selon M. Herbert Spencer, l'amour serait la synthèse de toutes les énergies spirituelles de l'homme ou de la femme. C'est là, selon nous, une erreur d'observation. La synthèse est toujours un acte de l'intelligence s'exerçant dans toute sa force, sa lucidité, son étendue, en un mot dans la plénitude de sa sérénité et de sa libre puissance. Or toute passion amoureuse transforme l'homme et la femme en impulsifs. Inutile de citer des exemples célèbres : il suffit que chacun fasse appel à ses souvenirs personnels. L'amour est instinctif : il est aveugle. Il augmente notre émotivité et, par cela même, oblitère notre jugement. Il augmente notre plaisir, mais, à tout prendre, il rétrécit notre conscience intellectuelle et, par conséquent, notre être, notre vie.

L'amour tend à faire de nous le jouet de l'espèce.

Certes, les ardentes passions sexuelles nous ont donné peut-être de grands poètes, de grands orateurs, de grands peintres, de grands tribuns, des héros de courage, d'abnégation et de persévérance, mais très médiatement, à titre d'excitant et parce que ces excitations agissaient sur un instrument cérébral déjà propre aux créations superbes. Ces hommes et ces femmes qui firent de belles choses sous l'influence de l'amour furent presque toujours — par suite de circonstances indépendantes de leur vouloir, d'ailleurs —

sobres de satisfactions charnelles. Mais si l'amour contribue aux admirables choses dans l'ordre des émotions fortes, de quels crimes abominables aussi n'est-il pas comptable ?

La plupart des crimes dits « passionnels » et d'autres dont on ne sait pas facilement les causes proviennent souvent de l'impossibilité dans laquelle notre civilisation met l'individu d'exercer normalement sa fonction génésique ; mais il n'en reste pas moins certain que la raison et les violentes passions sont à certains égards de véritables antinomies.

De plus, les grandes amours ne peuvent guère amener le bonheur du moins pendant les orages de la jeunesse. Au fond, l'amour véritable a presque toujours un caractère tragique, même dans la satisfaction des sens. C'est que sous les caresses les plus voluptueuses, dans les enlacements les plus étroits, les amants sentent qu'ils n'étreignent que leurs formes car mentalement ils sont étrangers l'un à l'autre. Ils savent qu'un minuscule incident changera le miel de leurs baisers en fiel homicide : ils perçoivent sourdement que leurs abandons languides cachent mal le besoin égoïste de chacun et la défiance qui les rend souvent si faux l'un pour l'autre.

Il y a entre l'amour moderne et la sympathie générale des êtres les uns pour les autres un redoutable écart. Ces deux sentiments, comme nous le verrons dans la suite de cet ouvrage, ne sont pas radicalement différents, ils ne sont pas antagonistes comme il le semble à l'abord, mais il faut reconnaître cependant que le choc instinctif de l'amour à un contrecoup trop violent, une influence trop décisive, trop déterminante sur les actes individuels et sociaux. Autrefois, il tuait les deux individus ; aujourd'hui ne pouvant leur ôter tout de suite la vie, il embrase leur cœur d'une passion excessive ; il corrompt le jugement, oblitère la conscience, c'est-à-dire étend ses ondes obscurcissantes sur toutes les cases mentales.

Tant que le sentiment de l'amour ne sera pas spécifié, au grand avantage de l'intelligence, comme la fonction génératrice s'est spécifiée au profit de la vie somatique, aucune véritable morale ne pourra s'établir. Sans doute l'histoire nous montre des couples que l'amour fondit en une harmonie supérieure : grâce aux qualités de la femme et de l'homme, se combinant en une proportion heureuse, l'amour put s'affranchir du despotisme des formes et s'élever à la suprême sympathie qui se rit du temps et des latitudes. Mais ces cas sont très rares.

Si, maintenant, nous envisageons l'évolution de l'amour au point de vue social nous pouvons partager l'humanité en quatre grandes époques :

1° La période préhistorique pendant laquelle les plaisirs sexuels primaient tous les autres et étaient purement reflexes.

2° Ces plaisirs s'esthétisent, s'ennoblissent : ils donnent naissance aux arts. Les attributs de la génération sont glorifiés ; ils deviennent l'objet d'un culte. C'est le paganisme.

Cette conception grossière de la vie jointe au raffinement de l'art, à la délicatesse excessive des sens, aux besoins effrénés de luxe, en un mot des jouissances physiques, ne tardent pas à consommer la ruine de la civilisation greco-romaine.

3° Le christianisme provoque une réaction excessive. Les plaisirs sexuels sont considérés non-seulement comme inférieurs mais comme honteux ; s'y abandonner, c'est déchoir.

Le christianisme a eu des vues profondes qu'il convient de remarquer. Si on abuse de ces plaisirs, si on les considère comme une fin de la vie, ils sont psychologiquement et socialement condamnables. Mais nous allons voir bientôt que les chrétiens n'eurent pourtant qu'une vue incomplète de la question.

4° Nous sommes maintenant dans une période que nous appellerons philosophique.

L'esprit scientifique et philosophique s'efforce de profiter de toutes les expériences humaines et d'arriver ainsi à découvrir les lois des meilleurs rapports entre les sexes considérés individuellement et socialement.

Nous ne dirons rien de la première ni de la deuxième époque. Mais nous devons analyser l'influence des idées chrétiennes sur l'amour, influence qui se fait sentir encore.

Jusqu'en ces derniers temps notre littérature, nos mœurs, nos lois furent imprégnées en grande partie des idées chrétiennes s'opposant aux conceptions du paganisme.

Dans l'antiquité, l'amour physique était glorifié parce qu'il représente l'une des forces les plus mystérieuses et les plus puissantes de la nature.

Avec le christianisme, l'amour physique devient un « péché », une déchéance, une souillure. Ce sentiment entre dans les cœurs sous la forme de croyances religieuses et y acquiert une force extraordinaire. La continence absolue est prêchée partout : les couvents et les monastères se multiplient et se peuplent d'hommes et de femmes ayant fait vœu de chasteté. Ainsi l'on va d'un extrême à l'autre : de l'adoration brutale du dieu Priape on passe au mysticisme qui logiquement devrait aboutir à l'extinction de l'espèce.

Mais en dépit des croyances métaphysiques la nature affirme invinciblement ses droits conservateurs, et les hommes tout en adhérant au christianisme l'accommodent à leurs tendances natives.

Et c'est ainsi que se constitue une société très religieuse, imbue d'inspirations extra-terrestres et à la fois très sensuelle. Les farces les plus grossières, le symbolisme le plus brutal s'allie à la poésie mystique très éthérée.

Et c'est dans une société composée d'éléments si différents, de tendances si divergentes, si antagonistes que peut vivre sans danger un phénomène psychologique aussi curieux que le *curé de Meudon*.

Aujourd'hui encore nous héritons de tout cela et c'est pourquoi notre société, d'ailleurs affolée par l'analyse à outrance, est si composite, si peu homogène et dépourvue, semble-t-il, de toute idée directrice.

Le paganisme et le mysticisme chrétien s'opposent, se combinent et forment avec le philosophisme le plus étrange alliage qui soit.

Le christianisme, voyant le caractère anti-sociologique de sa doctrine s'empare des conquêtes de la science. Il se pénètre de la psychologie expérimentale, de la sociologie positive et il essaye de faire fléchir la rigueur de ses croyances extra-humaines pour s'accommoder aux nécessités temporelles.

Mais une phase nouvelle a été ouverte à l'esprit humain par le criticisme philosophique. Et les hommes sont déjà arrivés à cette conception inébranlable : l'humanité sera ce qu'elle se fera elle-même par l'introspection, l'observation, l'expérimentation, soit par la science de la vie. Libre à chacun de penser ce qu'il veut sur la possibilité d'une existence future, de croire s'il peut à l'immortalité de l'âme, une vérité essentielle a déjà lui sur le monde : c'est que tout ce qui tombe sous nos sens, tout ce qui est accessible à notre intelligence, à notre raison soit en nous, soit hors de nous, en un mot tout ce que notre conscience peut embrasser est soumis à la loi inflexible du déterminisme.

Et c'est pourquoi la science établit son hégémonie sur une donnée de plus en plus juste s'imposant à tous les esprits sincères.

Et déjà l'exemple des erreurs du paganisme et les erreurs contraires du christianisme, nous permettent, — en tenant compte de la part de vérité que ces erreurs respectives effleuraient, — d'arriver à formuler une règle très générale des rapports sexuels :

1° L'amour physique, sobre et normal est sain, nécessaire et moral. Le plaisir qu'il procure, loin d'être honteux, est susceptible de devenir très esthétique.

2° Mais l'amour sexuel, considéré même dans toute son expansion sentimentale et poétique n'est pas une *fin* pour le couple humain ; il n'est qu'un des moyens de s'élever au plus haut degré de beauté, à la conscience la plus lumineuse et la plus puissante.

En d'autres termes. Toutefois que l'exercice de la fonction génésique ou simplement, l'influence des sentiments amoureux diminuent notre volonté, obscurcissent notre raison, nous ôtent de notre gaieté ou déterminent une certaine lassitude corporelle, il est certain qu'il y a abus contraire au salut individuel et à l'avantage social ou spécifique.

D'ailleurs, les données psychologiques et biologiques permettent d'induire que grâce à l'évolution supérieure de la vie mentale, le sentiment de l'amour se spécifiera au profit des facultés intellectuelles comme la fonction génésique s'est spécifiée au bénéfice de l'organisme. Il n'exercera plus son despotisme sur l'intelligence entière. Mais cette évolution salutaire à l'individu et, par suite, à la collectivité, à la beauté individuelle et à la vitalité de la race, ne sera possible que si la femme, devenue libre grâce aux lois et à l'opinion publique, se pénètre de l'influence grandiose qu'elle doit exercer dans une civilisation nouvelle.

Elle ne sera plus l'esclave de l'appétit sexuel : libre ou épouse, dans la science, l'art ou l'industrie, partout où elle rencontrera l'homme, elle sera *toujours* sa compagne, son amie délicate et en cas d'élection réciproque, son associée complète.

L'homme et la femme, désormais de plus en plus instruits de la signification véritable de l'amour ; sachant qu'il est le reflet fulgurant de la vie profonde et inéluctable, mais essentiellement *instinctive* ; sachant qu'il y a antagonisme entre l'instinct et la raison ; considérant que l'humanité doit progresser sans cesse vers une conscience plus vaste, une intelligence plus vive, un sens esthétique plus fin, une volonté plus puissante ou bien périr ; sentant que le maximum de bonheur doit se trouver dans l'expansion de la vie morale, l'homme et la femme comprendront que *tout les détermine à* une grande sobriété dans l'acte charnel.

CHAPITRE XIV

L'Amour morbide

*Les aberrations des sens. — Causes psychologiques
et sociales. — La science et la vertu.*

CHAPITRE XIV

L'AMOUR MORBIDE

*Les aberrations des sens. — Causes psychologiques
et sociales. — La science et la vertu.*

« Il est surprenant, dit Renan, que la science et la
philosophie, adoptant le parti-pris frivole des gens du
monde, de traiter la cause mystérieuse par excellence
comme une simple matière à plaisanterie, n'aient pas
fait de l'amour l'objet capital de leurs observations et
de leurs spéculations. C'est le fait le plus extraordinaire
et le plus suggestif de l'univers. Par une pruderie qui
n'a pas de sens dans l'ordre de la réflexion philosophique, on n'en parle pas ou l'on s'en tient à quelque
niaise platitude..... La crainte des sots ne doit pourtant
pas empêcher de traiter gravement de ce qui est
grave. » (1).

La science a le droit et même le devoir de soulever
tous les voiles, de tout examiner, de tout approfondir.

(1) RENAN, *Feuilles détachées* (p. 421, note 1).

C'est ainsi et ainsi seulement que pourra se créer la véritable morale. Tous les maux humains, physiques ou moraux, proviennent de l'ignorance.

Toutes les aberrations sexuelles sont dues à la connaissance inexacte des meilleures conditions du plaisir physique et moral.

Quel est le but unique poursuivi par l'être humain et, sans doute, par tout être vivant ? Le bonheur. Or, le bonheur ne s'obtient que par la plus grande somme de plaisir durable. A travers toutes les expériences charnelles, les deux sexes cherchent le bonheur. Ils le cherchent en vain dans les jouissances trop répétées, dans les aberrations les plus bizarres.

Cela tient à l'erreur universelle suivante : on veut assimiler les caresses mécaniques aux caresses profondément spécifiques ; *quelques causes* de plaisir à *toutes les causes* visibles et invisibles, conscientes et inconscientes, déterminant la saine volupté de l'amour normal. Toutes les fraudes d'amour, toutes les aberrations des instincts, non seulement ne peuvent donner ce que procurent les rapports naturels de l'homme avec la femme, mais elles ont un contre-coup néfaste sur le système nerveux et sur l'intelligence. Elles diminuent surtout la beauté délicate de l'œil, la fraîcheur spirituelle du regard et la remplacent par l'éclat dur, par le luisant du plaisir inférieur et incomplet. L'excès des plaisirs, même normaux, amène des conséquences analogues, soit une sorte de régression dans la joie de vivre.

L'abatardissement de la race, la criminalité croissante des adolescents a pour cause très importante la précocité et surtout l'aberration des plaisirs génésiques,

Cela provient de plusieurs faits importants : Des agglomérations trop fortes par sexe, de la station trop longtemps assise dans les internats, d'une propreté insuffisante et par dessus tout peut être de l'ignorance absurde dans laquelle on croit devoir tenir les jeunes gens et les jeunes filles de ce qui se rapporte à la génération. Nous laissons au vice, au hasard de la prostitution ou aux vagues préjugés, aux usages, le soin d'instruire la jeunesse — au prix de quelles aventures dangereuses, de quelles expériences souvent néfastes à l'individu, à la société et à la race ! — de tout ce qui tient à la fonction la plus importante de la vie. Lorsque la science aura enfin débarrassé le monde d'une pudeur absurde, lorsque nos mœurs pourront être plus franches, lorsque l'on aura reconnu au philosophe le droit et même le devoir de tout examiner, de tout comparer pour dégager du minerai des erreurs la petite parcelle de vérité, pour extraire des laideurs relatives de l'existence les éléments d'une beauté durable, alors il sera possible de trouver les lois salutaires de la haute évolution humaine. Alors apparaîtra la responsabilité de l'État dans l'assainissement physique, mental et moral de la race.

Dans toute société bien organisée, dit Mantegazza, chaque jeune homme pubère devrait trouver facilement une femme et des subsistances suffisantes.

Or, que trouve-t-il dans notre société moderne ? Beaucoup d'hommes, la majorité, peut-être — il serait curieux de faire une statistique — de 18 à 30 ans, gaspillent les beaux élans de leur jeunesse, la fraîcheur de leur sentiment : ils vivent la vie basse et sotte avec la courtisane.

Cela tient à une foule de causes dont les principales paraissent être les suivantes : l'hypocrisie sociale au sujet des choses de l'amour, qui fait abandonner aux pires expériences du vice le soin d'initier la jeunesse au fait le plus mystérieux, le plus important de la nature entière ; les conditions économiques de plus en plus ingrates et empêchant le jeune homme de se constituer une famille dès l'éveil impérieux des sens.

La première de ces causes disparaîtra par la large diffusion des lumières. La seconde est liée à l'organisation sociale présente et à une foule de préjugés qui se réunissent en faisceau dans ce que l'on appelle *l'opinion publique*.

La satisfaction sexuelle contre nature s'observe à la fois dans les peuplades barbares, dans les sociétés païennes très civilisées et aussi dans la société mystique issue du christianisme.

Chez les peuples de culture inférieure, les aberrations génésiaques tiennent au caractère prédominant du plaisir physique, à son impulsivité irrésistible et à l'ignorance des meilleures conditions de l'expansion de la vie.

Dans les collectivités de haute civilisation comme les Grecs et les Romains par exemple, le vice contre nature provient surtout de la trop grande différence mentale que l'on a établie artificiellement entre les sexes. Les hommes de ces époques raffinées, ne trouvaient pas souvent, sauf auprès des hétères, comme Aspasie, Laïs, Phryné, Lasthénie, Thaïs, Leontium, Léona, Néméa, Sapho, Théodote, Théoris, etc., après l'excitation amoureuse, l'ivresse intellectuelle qui fait discourir sur les arts, sur la politique, la philosophie et demande un interlocuteur compréhensif. Et n'est-ce pas grâce à ce besoin invincible que maintes femmes purent abandonner les gynécés, s'affranchir — au prix de leur réputation il est vrai — et fréquenter les écoles, pénétrer au lycée et à l'Académie ?

D'autres fois, les plaisirs sexuels hors nature furent encouragés par les lois dans un but politique comme, par exemple, dans l'île de Crète afin de diminuer la population.

Et, dans les temps modernes, les aberrations sexuelles proviennent souvent, comme nous l'avons déjà indiqué, des grandes agglomérations (internats de jeunes gens et internats de jeunes filles).

Si les jeunes gens et les jeunes filles au moment où leurs sens s'éveillent, où leur émotivité s'accroît, où la rêverie pousse à la mystérieuse conjonction de l'amour, ne se voient point, ne peuvent par le regard, par le langage, par la caresse subtile et chaste des sourires donner un dérivatif gracieux et esthétique à l'impulsion vive des désirs, l'instinct les entraîne vers les pires erreurs physiques.

Voilà pourquoi l'éducation telle qu'elle est pratiquée en Amérique, notamment à *Radcliffe Collège*, de New-Cambridge, dirigé par M⁽ʳˢ⁾ Agassiz, veuve du célèbre naturaliste Louis Agassiz, nous semble propre à faire éviter les inconvénients de l'internat tel qu'il est compris en France. Le nombre des étudiantes n'est pas très élevé et au lieu d'être logées et nourries dans l'établissement, elles sont dispersées en ville dans des familles choisies.

Ou encore au collège de Bryn-Mawer situé aux environs de Philadelphie. « Dans une campagne boisée, au

milieu des pelouses et des jardins, s'élèvent six bâti-
ments distincts, d'un aspect pittoresque, dont les tours
et les pignons appparaissent dans la verdure. Les uns
servent à l'habitation, les autres aux divers départe-
ments d'étude, aménagés d'après les méthodes les
meilleures et les plus nouvelles. Les professeurs,
hommes et femmes logent au dehors; personne ne
demeure au collège que les étudiantes et leur directrice, Miss Correy Thomas, qui porte avec infiniment
d'autorité aimable le titre imposant de *dean*, doyenne.
Peut-être sa connaissance parfaite de notre langue, de
notre littérature, de tout ce qui est français, y est-elle
pour quelque chose; mais le type de la femme de
l'avenir, celle qu'à pressentie Tennyson « maîtresse
d'apprendre et d'être tout ce qu'elle peut être et devenir, sans sortir de sa nature de femme », sans res-
sembler à « un homme ébauché », sans que la pensée
étouffe en elle la grâce, m'a paru incarnée d'une façon
toute particulièrement séduisante chez le *dean* Thomas.
Secondée par des femmes jeunes, actives, dévouées, que
leur grande fortune met d'ailleurs au-dessus de toute
préoccupation sordide, elle donne évidemment la plus
noble impulsion à un groupe d'étudiantes dont le nombre
ne dépasse guère cent cinquante (1) » . . . .

Dans ce superbe collège, les étudiantes qui sont « non
seulement sérieuses, mais fort attrayantes » ont « tous
les moyens, sans exception, de se développer au moral
comme au physique » (1).

(1) Th. BENTZON, *Les Américaines chez elles* (Calman-Lévy,
Paris, 1896).

Elles montrent un goût fort vif pour la chimie et la biologie surtout depuis que les femmes sont reçues comme les hommes à l'école de médecine de Baltimore.

Nous sentons le besoin de citer encore Th. Bentzon afin de faire voir par un trait caractéristique combien dans notre vieille et routinière Europe nous sommes loin de l'ouverture d'esprit américaine. « Mais, dis-je, au *dean* Thomas, tout cet essaim de jeunes filles ne se destine pas à étudier la médecine? — Assurément non, me répondit-elle : un peu de biologie, cependant, ne leur sera point inutile, ne fût-ce que pour les mettre d'une façon scientifique, et saine par conséquent, au courant de beaucoup de choses naturelles.

Je songeai, sans oser le dire, que chez nous tous les soins des mères de famille et des éducatrices tendent à voiler, au contraire, pour les jeunes filles, certaines choses naturelles jusqu'au jour où le mariage jette sur elles des clartés inattendues, et je me sentis vraiment dans un autre monde.

Cette impression devint plus vive encore lorsqu'on me fit visiter les appartements particuliers des étudiantes. Le service est fait par des femmes de couleur : quatre chambres à coucher, quatre petits salons sont aussi joliment meublés que le comporterait la vie de famille la plus élégante, la fantaisie individuelle se donnant carrière là comme ailleurs..... Partout de petites tables à thé autour desquelles s'éparpillent de rocking-chairs enrubannés, garnis de coussins, partout des tentures d'étoffes à fleurs ou à ramages, des portières de peluche. Le salon de réception n'a certes rien de commun avec les tristes parloirs d'Europe : on y danse, on y cause, on y donne de petites fêtes à jours déterminés.

— Les visites ne sont permises que jusqu'à dix heures du soir, me dit mon guide.

— Visites de femmes, bien entendu ?

— Mais non : visites de parents et d'amis des deux sexes.

— Comment ?... sans surveillance ?

Miss Thomas, que divertissaient beaucoup mes questions saugrenues, mes ébahissements de Huron, me montra qu'en face du grand salon de l'autre côté du corridor, se trouvait le boudoir particulier de la dame préposée au gouvernement du pavillon.

Ni l'une ni l'autre des deux pièces n'avait de porte : rien que des baies ouvertes, des portières flottantes...

. . . .

. . . .

— Très peu de règles formelles existent à Bryn-Mawr, me dit Miss Thomas.

Les étudiantes vont à Philadelphie sans être obligées de l'en avertir autrement que par déférence ; elles n'abusent pas de la permission, ayant intérêt à ne point manquer les cours, puisqu'elles sont au collège pour travailler. (1). »

Si nous ajoutons que toute l'éducation américaine vise à inspirer à chacun le respect de soi-même et que pour ce qui concerne la jeune fille, les études d'anatomie et de physiologie contribuent à assagir leur imagination et à donner à leur esprit un caractère très

____

(1) Th. Bentzon, ouvrage déjà cité, p. 157-158.

averti, on comprendra mieux que la précocité, les abus
ou les erreurs des plaisirs génésiques sont dûs, en définitive, à l'ignorance. On comprendra surtout quelle
belle perspective s'ouvre aux femmes européennes pour
l'assainissement physique et mental de la race, par une
éducation plus rationnelle.

CHAPITRE XV

L'Indépendance des Femmes.

La liberté économique. — La Femme dans l'industrie. — La Femme enceinte. — La législation sur le travail des femmes et des enfants.

CHAPITRE XV

L'INDÉPENDANCE DES FEMMES

La liberté économique. — La femme dans l'indus-
trie. — La femme enceinte. — La législation sur le
travail des femmes et des enfants.

Nous avons montré au chapitre X comment nous
concevons la liberté de l'être humain et comment il
peut psychologiquement s'affranchir.

Mais nous avons vu aussi que la liberté humaine, la
liberté de la femme surtout, est liée très étroitement
aux conditions économiques, soit au degré de facilité avec
laquelle on subvient aux besoins essentiels de la nature.

La nourriture, le vêtement et le logement sont les
trois centres des besoins impérieux d'où rayonnent
une infinité de besoins, secondaires sans doute, mais
que la pression des opinions, des usages, des habitudes, le
phénomène de capillarité sociale empêchent d'écarter.

Si la vie matérielle était assurée partout aux humains
au moyen d'un effort modéré et normal, par un travail
régulier et sûr, comme par exemple, l'oxygénation du
sang s'opère sans cesse par la libre et agréable respira-

tion de l'air ; si la réparation de nos tissus pouvait se produire par un élément nutritif aussi abondant que l'atmosphère, la lumière ou le calorique, la plupart des entraves à l'esthétisation de la vie disparaîtraient comme par enchantement.

Mais les conditions vitales du globe sont telles encore que les hommes et les femmes ne peuvent subsister sans se livrer à un dur et incessant labeur.

Cette *loi du travail*, nous la voyons dictée par le mouvement de la vie même, et ainsi elle nous apparaît universelle.

Le travail est partout : dans le grain qui germe, dans la plante qui respire, dans le vent qui souffle, dans la transformation des solides en liquides et en gaz ; il est au fond de nos cellules qui coopèrent toutes à l'existence de l'organisme..... Notre corps est l'usine la plus merveilleuse et la plus curieuse qui soit, car, depuis la naissance jusqu'à la mort, elle travaille sans cesse. Toute notre substance est sans trève en état de destruction et de reconstruction . Donc, de quelque manière que nous envisagions l'univers, le travail est partout, au fond de tout. Le repos, c'est la mort. Et même ce repos ou cette mort ne sont qu'apparents pour notre vue incertaine : la vie frémit toujours dans la permanente métamorphose. Mais si le travail est la loi de la vie même, s'en suit-il que la vie doive fatalement être douloureuse ?

Et qu'y a-t-il donc, par delà les formes passagères où notre conscience se tourmente, qu'y a-t-il donc dans le substrat du cosmos si nos aspirations à l'harmonie vitale, c'est-à-dire aux *rapports* justes entre les efforts et le plaisir, entre le progrès de la pensée et la joie de vivre, apparaissent comme une duperie fondamentale et éternelle ? Cela nous semble ainsi, mais cette apparence ne peut être la cause dernière, car alors la vie n'aurait aucun sens par rapport à notre conscience.

Les maux dont le travail des individus s'accompagne dans la société, tiennent sans doute beaucoup plus à l'ignorance qu'à la nécessité. Dans l'organisme individuel, le travail normal qui constitue la vie même somatique et spirituelle se relève de plaisir ; pourquoi n'en est-il pas de même dans l'organisme social ? Parce que nous n'avons pas trouvé les vrais rapports entre les hommes considérés en tant qu'individus et entre les hommes considérés en tant que membres solidaires de la collectivité, d'une part ; et, d'autre part, entre les efforts personnels et la répartition des bienfaits collectifs.

En outre, si les besoins primordiaux (nourriture, vêtement, logement) sont les mêmes pour tous, le travail propre à subvenir à ces besoins inéluctables n'est pas partout également abondant. De plus, si les besoins de se nourrir et de s'abriter contre les intempéries sont communs à tous les représentants de l'espèce, le genre de travail varie avec la force musculaire, l'adresse, l'instruction et l'intelligence des individus. Les nécessités premières tiennent exclusivement aux personnes, tandis que les moyens d'y pourvoir sont subordonnés à la fois aux différentes capacités des individus, à une multitude de causes extérieures et aux rapports entre ces capacités et ces causes externes presque toujours indépendantes de la faible volonté humaine.

Si, outre ces difficultés élémentaires, nous considérons

celles que le progrès mécanique multiplie sans cesse en spécialisant les hommes et les femmes dans des travaux qui demandent un long apprentissage, nous arriverons à cette conviction que, en augmentant, d'une part, notre nervosisme, soit principalement la sensibilité à la douleur et, d'autre part, les difficultés de trouver partout et en toute occasion un travail facile, convenable et suffisant à l'entretien normal de la vie, à toute son expansion légitime possible, la civilisation a, du moins jusqu'à présent, accru la douleur humaine.

A toutes ces difficultés, viennent s'ajouter pour les femmes, celles qui dérivent de leur constitution, c'est-à-dire du soin que la nature leur laisse d'assurer le salut de l'espèce.

En présence de tant de forces hostiles que la physiologie et les brutales conditions économiques accumulent autour des femmes, bien des hommes, cependant dévoués à toutes les réformes sociales susceptibles d'accroître la liberté du sexe féminin, reculent épouvantés devant la somme des douleurs nouvelles qui attendent les femmes s'émancipant même au point de vue économique. Et sans être d'accord sur le fond avec les esclavagistes, ils en arrivent à dire comme eux : non, la femme ne doit pas travailler ! C'est là un sentiment fort louable quant aux intentions. Mais il faut voir s'il est conciliable avec le sentiment de la dignité de la femme, de sa véritable liberté et surtout s'il est compatible avec les fatalités vitales.

Nous avons vu que le travail est une nécessité absolue. Mais dans notre état social compliqué, que de sortes de travaux depuis celui de l'artisan jusqu'à celui de l'artiste, du savant, du philosophe, du politique, du poëte ! Et dans cette variété innombrable d'occupations, est-il juste, est-il bon, est-il possible même de diviser les occupations par sexe ? Est-il possible de laisser aux femmes les travaux les moins pénibles ? Tous le voudraient et certains pensent que cela est faisable. Mais c'est une erreur, car les travaux les plus fatiguants ne sont pas nécessairement les moins élégants. Les occupations intellectuelles — du moins dans les conditions présentes — sont plus épuisantes que maintes œuvres manuelles exigeant un grand effort musculaire. N'importe, dit-on, à cause de la maternité et de quelque façon qu'on envisage le sujet, les femmes devraient être exemptées de tout travail fatigant.

« La nation forte, la nation d'avenir sera, parmi les nations, celle où les femmes n'exerceront point de métier, si ce n'est le leur. L'accession des femmes aux emplois masculins d'abord est le signe, puis devient la cause d'une formidable dégénérescence nationale (1). »

A entendre M. Faguet on dirait que les femmes sont restées oisives jusqu'à nos jours et qu'elles n'ont jamais partagé les rudes travaux des hommes. Cependant, les femmes des peuples barbares portaient de lourds fardeaux ; elles ont partout contribué largement au développement de l'industrie. Et dans notre civilisation, où les hommes ont envahi tant de métiers, nécessitant peu d'effort musculaire (couturier,

(1) Emile FAGUET. *La Femme devant la science (Journal des Débats,* 12 décembre 1895).

fleuriste, modiste, cartonnier, etc., et surtout les diverses fonctions de l'éducation publique), on se demande en vain quels sont les métiers des femmes. Pourquoi donc une femme ne pourrait-elle pas être pharmacien, médecin, journaliste, peintre, avocat, téléphoniste, télégraphiste, conférencière, imprimeur, typographe, etc...? — « Parceque, nous dit M. Faguet, elle cessera d'être la femme dont la nation a besoin pour s'augmenter ou pour ne pas diminuer ou pour ne pas périr. »

M. Faguet n'a vu, au moment où il écrivait son article, qu'un aspect agréable de la société. Celui où l'aisance est suffisante, celui où le travail abonde pour les spécialistes et où les femmes ont le loisir de faire un choix des occupations qui leur conviennent le mieux. Dans cette partie de la société, les femmes déploient pourtant une activité extraordinaire, mondaine ou autre, (qui soutire une très grande énergie nerveuse) au moins aussi nuisible à la race que le travail régulier qu'un métier exige.

Mais il y a un autre aspect de la société que M. Faguet ne semble pas avoir aperçu : c'est celui constitué par la foule des prolétaires gagnant leur vie *au jour le jour*. Et pourtant, lorsqu'on veut parler d'une société, de ses besoins, des conditions de son développement, il faut tenir compte surtout de la majorité des personnes qui la composent. Or donc, à la campagne et à la ville, une multitude de femmes sont obligées de travailler durement pour ne pas *mourir de faim*. Avant d'assurer le salut de l'espèce, il faut vivre personnellement. Le développement du machinisme et la concentration excessive du capital ont rendu la lutte pour la vie plus acharnée, la concurrence plus âpre, le travail humain plus pénible, plus douloureux. L'atelier a fait ouvrir une multitude de cabarets et de petits restaurants, tandis que, corrélativement, le foyer se dépeuple ou se déserte. Bon gré malgré, les deux tiers des femmes de la campagne et de la ville s'engouffrent dans les usines, ces produits à la fois admirables et monstrueux de l'industrialisme moderne. (Voir *Bulletin de l'off. du travail*).

Et pour un labeur exténuant, le salaire est infime. Ainsi la couturière, si l'on tient compte de la morte saison, ne gagne guère, en moyenne, dans le petit travail, que de 1 franc à 1 fr. 50 par jour. « Et la couturière a la part belle à côté de la lingère, de l'entrepreneuse en ces mille fantaisies, foulards, lainages, crochet, etc., etc., qui s'étalent aux vitrines de nos magasins et qui, en outre de la concurrence commerciale, ont à lutter encore contre la concurrence des prisons et des couvents. Aussi le salaire en cet ordre devient-il absolument dérisoire. Pour ne citer que quelques chiffres, je prendrai entre mille exemples, la petite chemise d'enfant, de fine baptiste, exigeant l'aiguille n° 10, le fil n° 200 — ce qui, tout de suite, renseigne sur la perfection de l'ouvrage, — et dont la confection n'exige pas moins de deux heures. Eh bien ! pour faire cette petite perfection, l'ouvrière touche 0 fr. 25, soit 3 francs la douzaine de chemises.

J'ai parlé de foulards. Un de nos grands magasins que je pourrais nommer, les paie à l'entrepreneuse 0 fr. 50 la douzaine, ourlés, repassés, pliés — cette dernière achetant la soie. Pour peu qu'elle soit honnête, cela vaut à l'ouvrière 0 fr. 25 par douzaine. Elle en peut faire trois par jour. J'ajouterai que la morte saison dans cette partie dure six mois » (1).

En présence de la concurrence impitoyable et des abus que la grande industrie manifeste en spéculant sur la faiblesse de la femme et de l'enfant, l'État a cru devoir intervenir pour les protéger.

L'Angleterre, dès 1802, fit une loi réglementant les conditions du travail des enfants dans les filatures et tissages. L'année suivante, en Russie, le Tsar interdisait d'employer dans l'industrie les enfants au-dessous de 12 ans.

D'autres lois analogues sont votées successivement en Angleterre, en Prusse et en Autriche-Hongrie ; en France, en Allemagne, en Autriche, en Suède, en Hollande, en Espagne, en Hongrie, au Danemarck, en Belgique, en Italie, dans les Pays-Bas, au Portugal, en Norvège ; enfin le 2 novembre 1892 en France.

A quoi ont abouti près de cent années de travaux législatifs sur la protection du travail des femmes et des enfants ? A notre sens, s'ils n'ont pas aggravé le mal, ils n'ont pas apporté de remèdes réels.

Et qui ne voit donc qu'en s'engageant plus avant dans cette voie de protection exclusive de la femme, nous nous acheminons vers de redoutables déceptions, de douloureuses conséquences pratiques.

Il est bon et il est juste même que l'État se soucie de la santé des femmes, surtout pendant leur grossesse et

(1) Aline VALETTE. *De la situation économique des femmes en France* (*Revue Féministe*, 20 septembre 1895).

Voir aussi Kaethe SCHIRMACHER. *Salaires de femmes* (*Revue de morale sociale*, n° 4, 1899) à ce propos on peut lui reconnaître le droit et même le devoir de limiter le nombre d'heures de travail ; d'interdire aux femmes l'accès des mines, de telles usines insalubres, dangereuses pour leur propre santé et celle de l'enfant qu'elle portent dans leur sein. Mais l'État ne saurait prendre de telles mesures limitant les heures de travail et proscrivant telle ou telle occupation, *qu'à une condition essentielle :* c'est que, corrélativement, il PUISSE, sans porter atteinte au libre jeu de la vie économique et morale, fixer un salaire minimum qui ne lèse point le producteur, l'industriel, d'une part, et de l'autre, qui suffise à l'entretien convenable de la vie de l'ouvrière.

La loi peut-elle résoudre un problème si difficile ?

Nous répondrons sans hésiter : non ! avec l'organisation sociale actuelle. Non ! tant que l'idéal social ne se sera pas élevé au-dessus de la brutale lutte biologique, au-dessus de la cruelle et amorale concurrence économique, tant qu'une connaissance plus exacte des conditions principales déterminant les rapports des diverses fonctions de la société, n'aura pas montré à chacun en particulier et aux foules assemblées que le monde évolue fatalement vers la démocratie et que ce mot doit devenir synonyme de solidarité. La solution de la crise économique qui nous menace d'un retour à un nouveau moyen âge nous apparaît dans la coopération sous toutes les formes : dans la production agricole, industielle, commerciale ; dans la répartition des objets manufacturés et des produits pour la consommation et surtout dans la répartition du travail. Ce que la libre concurrence ne peut obtenir — c'est-à-dire vie hautement fraternelle, tranquillement sincère et confiante, vraiement esthétique — ce que la loi ne peut prévoir, la coopération en laissant toute liberté à l'initiative privée, le réalisera.

La loi civile repose toujours sur des principes abstraits. Or, lorsque de ces principes nous voulons déduire de très menues applications, une réglementation à outrance, nous nous apercevons que nos prévisions ne s'adaptent point à la vie réelle. Pourquoi ? Parce que nous avons employé une méthode qui ne convient pas à la sociologie. Nous avons placé la vérité, la réalité sociale en dehors des individus agissants : nous les avons considérés comme des termes invariables, comme des chiffres. Et si nous pouvions connaître tous les termes du problème social, — même en considérant ces termes comme des nombres invariables — nous arriverions à la construction exacte d'une mécanique sociale sans doute, mais non point à la pénétration de la vie collective réelle. La méthode déductive appliquée presque toujours dans la confection des lois est dangereuse : elle conduit à l'erreur et elle contribue à paralyser la légitime expansion individuelle ; elle étouffe l'originalité et rapetisse l'humanité en lui donnant un cadre *à priori*.

Nous pensons donc qu'il faut renoncer à la protection spéciale du travail des femmes adultes, mais nous admettons l'intervention de l'État en faveur des mineurs des deux sexes.

Ne s'occuper que des heures de travail, c'est ne voir qu'un des nombreux côtés de la question et le plus superficiel.

Il faut attaquer le mal dans sa racine : soit, combattre par une éducation supérieure le préjugé universel de la lutte à outrance et aussi le progrès aveugle du machinisme qui, par la centralisation excessive du capital et du travail, fait s'entasser sur une petite surface, une population ouvrière trop compacte au grand détriment de la santé, du bonheur individuel et de la prospérité collective (1).

Il faut donner aux jeunes filles le goût des travaux agricoles : culture des fleurs, des arbres ; laiterie ; abeilles ; etc., etc.

Faire connaître, dès l'enfance à tous que les villes sont des gouffres où sombrent la grande majorité des belles énergies rurales...

En un mot, il faut pousser à une large décentralisation, qui apparaîtra avant longtemps comme la seule expansion saine et féconde de la vie. Là est la solution du problème du travail ; là est le salut de notre race.

Cette examen rapide de la nécessité du travail et de ses conditions nous montre donc : 1° que les lois de protection ne protègent point en fait et qu'elles entravent au contraire, sans profit pour personne, le libre, le légitime exercice des forces et des facultés individuelles ; 2° que dans la pratique, ces lois sont éludables attendu que l'employé et l'employeur ont souvent intérêt tous deux à violer les règlements limitant le nombre d'heures de travail du jour ou de la nuit ; 3° que l'État ne peut, en toute justice, limiter la durée du tra-

(1) Le chômage, surtout dans l'industrie, augmente sans cesse dans tous les pays civilisés (Voir *Bulletin de l'Office du travail,* Ministère du Commerce, Paris.)

vail qu'à la condition absolue de fixer un minimum de salaire correspondant ; 4°, et une fixation équitable paraît impossible dans le présent état social.

Nous pensons donc que les femmes ne pourront conquérir la liberté économique par voie législative mais que les associations d'initiative privée, sociétés d'hygiène, d'éducation, de répartition du travail, de décentralisation sous toutes les formes, contribueront peu à peu à corriger les funestes effets du progrès mécanique agglomérant d'une manière monstrueusement dense la population sur certains points du territoire ; et, en même temps, l'action parallèle de l'État par l'instruction publique, par la diffusion de quelques vérités sociologiques fort simples mais cardinales, établiront une meilleure distribution du travail et des subsistances.

Le désaccord présent entre les inéluctables nécessités vitales et les moyens d'y satisfaire amène beaucoup de femmes à l'exploitation de leur propre personne. A Paris, seulement, plus de cent mille femmes se prostituent pour ne pas mourir de faim.

Et cette armée de jeunes femmes que le moloch du plaisir vénal dévore, c'est la campagne surtout qui la recrute incessamment par le mirage que la capitale exerce sur l'imagination des provinciaux. Pourquoi donc les associations féminines déjà si nombreuses dans les grandes villes, ne feraient-elles pas rayonner leur influence efficace jusque dans les campagnes les plus reculées pour arrêter cet abandon continuel du village? L'inépuisable humanité de tant de femmes supérieures par le cœur et par l'esprit trouverait là une occasion excellente de faire beaucoup de bien. En avertissant les jeunes gens et les jeunes filles et les parents aussi des mécomptes, des malheurs qui les attendent à la grande ville, il ne serait pas difficile de les retenir dans leur milieu et de leur faire aimer les travaux des champs. Ces comités de femmes devraient s'attacher à détruire ce sentiment très sot qui porte les gens d'une certaine instruction à mépriser l'agriculture et le séjour de la campagne.

En résumé, nous pensons qu'il faut repousser la protection légale de la femme adulte à moins que l'État ne puisse également protéger le travail des hommes, car il faut éviter à tout prix que les lois en créant des exceptions artificielles n'ajoutent encore à l'antagonisme naturel des sexes.

Incontestablement les femmes enceintes ont besoin de repos avant et après leurs couches, l'enfant à besoin d'être protégé dans son jeune âge : mais tout cela doit être l'œuvre d'associations privées, de groupements cohésifs par région, par ordre d'affinités économiques ou spirituelles.

Ce qui provient de l'initiative privée, exerçant son action sur une petite surface, permettant à chacun de déployer tout son dévouement inventif, est mieux fait, plus prompt, plus efficace que ce qui dérive de l'État, que ce qui est régi par des lois trop générales, non susceptibles de s'adapter à la multitude des cas particuliers.

On a reconnu que la mortalité infantile croît avec le développement de la vie industrielle et avec l'alcoolisme.

Et alors on essaye *d'adapter* les femmes et les enfants aux conditions hygiéniques déplorables que nous créons d'une manière absurde sous prétexte de civilisation. On soigne les malades ; on vote des lois pour lutter contre les fléaux que nous inventons. C'est sans doute très humain. Mais ne serait-il pas plus rationnel et encore plus humain de s'attacher à détruire les causes au lieu de dépenser tant d'ingéniosité à combattre les effets ?

Nous avons renversé les termes. Il ne s'agit pas d'adapter les individus à un milieu que nous rendons mauvais à plaisir ; il faut au contraire modifier le milieu, le rendre aussi sain que possible afin que les individus y puissent vivre et s'y développer normalement.

Ainsi, au lieu de combattre l'alcoolisme, par exemple pourquoi ne pas s'attaquer directement à l'alcool ?

Au lieu de mettre en prison les sans-travail sous prétexte de vagabondage, pourquoi ne pas faire converger tous les efforts sociaux, vers une plus équitable répartition du travail et de la population ?

Toute choses considérées et quelles que puissent être les douleurs nouvelles qui attendent les femmes, quels que puissent être les effets pour la famille ou pour la race, nous estimons que le sexe féminin ne peut conquérir toute sa liberté morale que par le libre accès au travail. Et nous ne voyons pas que, en dehors de la volonté, de la raison, des capacités des femmes — qualités et facultés qu'elles seules peuvent connaître par la pratique — il soit ni juste ni possible de leur assigner telles occupations à l'exclusion de telles autres.

Nous sommes même persuadé que la progressive indépendance économique des femmes modifiera heureusement les principes de la civilisation présente et fera évoluer l'humanité vers un meilleur équilibre, soit un rapport étroit entre le progrès scientifique, industriel, en un mot mécanique, le perfectionnement de la pensée, l'affinement des qualités intellectuelles et la large joie de vivre.

CHAPITRE XVI

L'Indépendance des Femmes (suite).

Ce qu'il faut penser de la loi accordant à la femme le produit de son propre travail. — L'affranchissement de toute autorité maritale est-il conciliable avec la famille ? — L'objection de Jules Simon. — La raison et l'entêtement.

CHAPITRE XVI.

L'INDÉPENDANCE DES FEMMES (suite).

Ce qu'il faut penser de la loi accordant à la femme la libre disposition du produit de son propre travail. — L'affranchissement de toute autorité maritale est-il conciliable avec la famille ? — L'objection de Jules Simon. — La raison et l'entêtement.

Dans le chapitre précédent nous avons envisagé l'indépendance économique de la femme considérée comme célibataire, car dans cet état civil elle n'a pas juridiquement grand chose à envier à l'homme. Mais il n'en est pas de même de la femme mariée. En France, principalement, elle redevient mineure. Cependant le Parlement a déjà tenté d'apporter quelques timides réformes au Code Napoléon issu du sentiment de la brutale autorité.

Les mœurs ont certainement corrigé déjà une grande partie de l'influence napoléonienne. Mais si les lois ne peuvent faire grand bien elles sont susceptibles dans plusieurs cas d'accroître les maux en entravant les mouvements indispensables au progrès. Donc les lois s'améliorent au profit de la femme.

En 1881, la loi du 9 avril donna aux femmes le droit de faire des dépôts à la *Caisse d'épargne nationale* sans l'autorisation de leur mari et de retirer librement les sommes versées. Malheureusement, selon les dispositions du Code, les économies de la femme, dès qu'elles reviennent à la maison « tombent dans la communauté » et le mari peut les dépenser à sa guise. La loi du 27 février 1896, adoptée par la chambre des députés, semble rendre plus nette la situation de la femme en lui laissant la libre disposition du produit de son propre travail. Mais ainsi que l'a fait justement observer M. Louis Frank, cette loi n'est qu'un leurre attendu que « les biens acquis par la femme appartiennent à la communauté. »

Des hommes, très partisans des revendications des femmes, se sont demandé s'il est bon au point de vue de l'évolution supérieure de la famille qui ne doit pas être considérée comme une simple association d'intérêts matériels mais bien surtout comme un foyer de sentiments très intimes, très tendres, très élevés d'où procèdent les meilleures inspirations et créations sociales ; s'il est bon d'armer légalement la femme contre l'homme au moyen de cette séparation des biens qui équivaut à une suspicion permanente, à l'organisation de la lutte agressive entre deux êtres dont tous les rapports devraient être dominés par l'amour ou en tout cas par la raison mêlée de tendresse et de dévouement réciproques, Cette difficulté est fort délicate à trancher. Néanmoins, nous pensons qu'il est bon pour l'affranchissement psychique de la femme, qu'elle puisse se sentir elle-même d'abord au point de vue économique, même au sein de la famille.

Si les époux s'accordent, si le mari et la femme sont ce qu'ils doivent être l'un pour l'autre, ils s'entraideront affectueusement. Sinon chacun reprendra toute l'indépendance matérielle compatible avec l'association familiale qu'on ne veut pas dissoudre. Cela nous paraît juste.

Mais, objecte-t-on, nous allons ainsi tout simplement à la destruction de la famille. Cela conduira fatalement à la suppression de toute autorité maritale. Or dans toute association de deux personnes, si l'une n'exerce pas la suprématie, par droit incontesté, la vie active est absolument impossible. C'est l'argument de Jules Simon dans son ouvrage *la Femme du XXe siècle*. Est-il donc impossible que deux êtres ayant juridiquement mêmes droits puissent vivre ensemble et prendre des décisions raisonnables ? Ceux qui répondent non, nous semblent avoir l'esprit faussé par le suffrage dit universel. Quoi donc ? Se figure-t-on qu'à la Chambre des députés ou au Sénat les décisions dépendent simplement du nombre de membres de tel ou tel groupe ?

On sait bien que, dans la pratique, les choses ne se passent pas ainsi. Lorsqu'on va au fond de toute discussion on s'aperçoit que pour ce qui concerne la vie morale, on n'arrive jamais à la raison dernière d'où froidement devrait résulter telle résolution. L'éloquence, la sympathie, la véhémence, l'accent de conviction d'un orateur valent dix, vingt, trente, cent voix. Il n'a peut-être pas raison, mais il a persuadé : cela suffit pour aboutir à une conclusion. Or, chaque fois que l'affection et la confiance sont réciproques entre un mari et une femme, c'est le plus persuasif qui provoque la décision. Il est certain qu'en donnant à l'un l'autorité souveraine on supprime toute discussion parfois pénible, mais on empêche aussi toute élévation morale véritable du couple humain.

Au reste, même sous le régime de l'autorité masculine, ce sont très souvent les femmes qui, dans la vie domestique, font prévaloir leur opinion. Un couple intelligent et comprenant son intérêt, c'est-à-dire ayant le sens exact de son bonheur, cherche en commun le meilleur moyen d'agir *au profit des deux* et des enfants. Chaque fois que l'un s'entête, ou bien il ne comprend pas, ou il n'est pas compris. Il y a dans ce cas un travers de l'esprit ou du caractère contre lequel les lois semblent toujours impuissantes. Dans les menus détails de la vie quotidienne cela se passe ainsi et la loi n'a pas à intervenir.

Sous le régime de l'égalité des époux, il en sera de même, et les choses se régleront comme aujourd'hui.

La raison du plus fort est toujours la meilleure.

Dans les cas très sérieux rien n'empêchera d'avoir recours à un arbitrage.

Les choses se passeront de la sorte jusqu'à ce que l'humanité soit parvenue à l'état de perfection. Alors, sans doute, elle disparaîtra de la surface du globe....

En dernière analyse, il ne faut point s'effrayer de la suppression du principe d'autorité, ni, non plus, fonder de trop grandes espérances sur les modifications légales à cet égard au point de vue des meilleures relations intersexuelles. Le mariage vaut ce que valent les époux.

L'Angleterre, la Russie, le Canada, l'Australie et plusieurs Etats de l'Amérique du Nord, tout en maintenant le devoir de fidélité, ont supprimé le devoir d'obéissance de la femme. Les unions n'en ont point souffert, semble-t-il, et, extérieurement tout au moins, la dignité de la femme y a gagné.

En France même, des hommes d'avant-garde, dès 1866 tentèrent de faire pénétrer cette idée dans notre Code. C'étaient : Jules Favre, Vacherot, Courcelle-Seneuil, Joseph Garnier, André Cochu, Dr Clavel, Charles Lemonnier, Hérold, Clamageran, Jules Ferry, Paul Boiteau, Henri Brisson, Emile Accolas (1).

Il est souhaitable que le projet de ces esprits libéraux soit repris et provoque une réforme du code matrimonial le mettant en harmonie avec les principes d'une libre république.

(1) Gustave LEJEAL, *La Française devant la loi (Revue Encyclopédique,* n° du 28 novembre 1896).

CHAPITRE XVII

L'Émancipation politique des Femmes.

*Opinion de Stuart Mill. — Ce qu'est la politique. —
Ce qu'elle doit devenir. — Le suffrage universel et
le droit d'éligibilité politique des femmes, subitement établi, mettrait en péril la pensée libre.*

CHAPITRE XVII

L'ÉMANCIPATION POLITIQUE DES FEMMES

Opinion de Stuart Mill. — Ce qu'est la politique. — Ce qu'elle doit devenir. — Le suffrage universel et le droit d'éligibilité politique des femmes, subitement établi, mettrait en péril la pensée libre.

L'histoire nous apprend que les femmes ont montré une grande aptitude politique, aussi bien dans les temps présents et modernes que dans l'antiquité. D'illustres philosophes, parmi lesquels il faut citer Stuart Mill, ont réclamé avec force la participation féminine aux affaires de l'État.

D'où vient donc que, même dans les pays gouvernés par des reines, l'émancipation des femmes rencontre tant d'obstacles ?

Cela tient à une foule de causes assez difficiles à déduire. Cependant elles nous paraissent procéder toutes du malaise produit par l'antagonisme des croyances, par la diversité des aspirations politiques et religieuses ; la multitude des écoles littéraires, artistiques, sociologiques; par la divergence des tendances philosophiques formant des courants s'entrecroisant, se neutralisant et constituant l'assemblage le plus hétérogène qui soit.

Essayons de nous représenter ce malaise. Après l'incessante collaboration de tant de siècles au progrès, quelle est à cette heure la situation de l'homme civilisé? Sous la baguette magique des savants, la terre entr'ouvre ses feuillets et laisse lire les pages superbes où fatalement s'inscrit l'évolution des êtres; les marbres des monuments antiques tressaillent et racontent les civilisations disparues; les rayons lumineux, facteurs subtils et vites, apportent des nouvelles de l'infini et disent la forme, le volume, le poids, la composition chimique des étoiles...; une lumière invisible nous donne des yeux d'argus; la foudre domptée devient tour à tour chaleur, force motrice, trait d'union entre les esprits, lampe ou médecin; les sentiments fugitifs que l'évanescent sourire signe sont fixés à jamais; les timbres des voix aimées s'enregistrent; les relations moléculaires se révèlent dans les laboratoires; les bactéries domestiquées fertilisent docilement le sol; la plupart des êtres qui vivent sur terre ou à huit mille mètres au fond des mers sont connus et classés; on entend travailler le cerveau et pousser les feuilles; l'espace se réduit ou s'élargit à volonté pour notre humeur voyageuse où nos investigations fines; les gaz se condensent et se solidifient; les luttes fratricides des microbes sont combinées au profit de la santé humaine; la mécanique fait des prodiges...

A la clarté fulgurante de tant de découvertes, sous

le souffle libérateur du criticisme, la pensée s'élance ardente et joyeuse vers tous les inconnus, cependant que nous marchons tous sur des poussières mortes.

Or, dans ce siècle d'analyse excessive, la littérature comme la science nous faisant sans cesse observer les détails de l'existence individuelle et collective ; la fièvre impatiente de vivre s'exacerbant avec l'affinement intellectuel et l'accroissement du nervosisme, deux courants énergiques se sont formés dans la civilisation présente.

Des penseurs, reflétant le pessimisme systématique des philosophes, le cœur empli de la lassitude des foules, subissant dans leur cerveau l'écho douloureux des vains efforts de l'humanité en marche à travers la nuit éternelle du temps, s'écrient : Ah ! revenons à la foi du bûcheron et abdiquons notre raison orgueilleuse d'où sortent avec abondance tant de maux. Atomes imperceptibles dans l'univers infini, nous ne savons rien, nous ne pouvons rien savoir, toute notre science, dès que nous voulons l'appliquer à notre bonheur intime, irréductiblement sincère, accuse sa faiblesse, son indicible infirmité : elle nous éclaire pour nous faire voir des ténèbres toujours plus épaisses. Revenons à la foi simple de nos aïeux. C'est ainsi que l'on vit, en 1893, à Chicago, un spectacle unique : des milliers de représentants de toutes les religions se réunirent pour ressusciter la foi.

D'autres annoncent avec fracas que la science a fait banqueroute ou comme Canut parlant aux flots de la mer, ils disent solennellement à la science : tu n'iras pas plus loin !

Certains rassemblant les découvertes de la science expérimentale, les conquêtes de la psychologie, prétendent même que les nouvelles méthodes d'investigation conçues par Bacon n'ont rien ajouté aux connaissances fournies par l'intuition et la simple introspection.

Et des théologiens, très versés dans la connaissance profane, n'hésitent pas à affirmer que la méthode objective n'a rien trouvé qui ne soit dans la *Somme* de saint Thomas d'Aquin.

Voilà donc le grand conflit présent. A la vérité, il date non pas de la publication du *Novum organum* seulement, mais des premiers *doutes* qui s'éveillèrent dans l'esprit à l'occasion de telle ou telle intuition ; des premiers efforts pour arriver à la certitude au moyen du contrôle sensible.

Ce conflit est profond. Il n'est pas seulement dans les faits sociaux, dans les institutions, dans l'opinion, dans la politique, dans l'éducation, il est dans l'âme même de chaque individu.

Ceux qui ont conservé les formes mentales de la foi — car la foi simple, naïve, celle qui a fait des martyrs, ne se rencontre plus guère, — c'est-à-dire la majorité des hommes et des femmes, sont imprégnés de l'esprit scientifique et adhèrent pour la plupart à toutes les vues nouvelles qui en procèdent. Et voici que des écrivains dont le verbe éloquent a un retentissement universel s'écrient : La science n'a tenu aucune de ses promesses : elle a fait faillite. Alors la multitude de ces hommes et de ces femmes sont pris d'angoisses. Quoi donc ! Ce terrain solide qui s'appelle la science et que nous croyons si ferme s'entr'ouvre sous nos pas !

Et la foi de naguère agissant sourdement sur leur mentalité, ils ajoutent : car ces hommes éminents qui ont une si grande notoriété, qui écrivent si bien ne peuvent se tromper

Cependant dans ces cœurs bouleversés, la foi rayonnante des temps révolus ne revient pas. Alors le doute destructeur s'empare de la multitude. Ce n'est point l'admirable doute scientifique, conduisant aux découvertes, mais le doute permanent et corrossif à propos du mouvement intime de la vie même. Et ainsi, dans la foule désemparée, chacun participe, souvent sans s'en apercevoir, de l'influence de saint Thomas d'Aquin et de l'influence de Bacon. Et ces deux forces rendues antagonistes par le sentiment fragmentaire de la vie, tourmentent les consciences et les déchirent.

Si nous ajoutons que la diffusion inexacte des œuvres de Lamarck, Darwin et Spencer ont faussé l'esprit du peuple en lui faisant admettre que la lutte impitoyable pour la vie est la loi suprême dont l'humanité doit désormais s'inspirer, nous arrivons à pénétrer les principales causes du malaise que les trépidations sociales accusent.

Eh ! bien après avoir considéré ces causes, et leur mouvement dans les esprits, et leur action contradictoire dans l'ordre social, nous restons frappé d'étonnement.

Comment donc ne s'aperçoit-on pas et ne proclame-t-on pas à la face du monde entier, avec la sincérité qui est l'essence même de la spéculation de l'esprit, que ces deux méthodes ne sont chacune que la moitié de la méthode ?

Ce qui provoque parmi les hommes tant de conflits, c'est moins la divergence des vues fondamentales que la multitude des systèmes particuliers, des appellations émouvantes, des constructions exerçant pour ainsi dire un effet cataplectique sur notre raison. Les mots, les réalisations ensuite retiennent notre attention, la fixant outre mesure, et de la sorte barrent le passage à l'esprit de synthèse.

Ainsi, prenons le mot *connaissance*. Pour l'historien, c'est la révélation exacte et complète de l'activité des peuples ; pour le chimiste, c'est le tableau des actions et réactions des corps les uns sur les autres ; pour le théologien, c'est le sentiment des rapports spirituels de l'homme avec la divinité ; pour le matérialiste, c'est tout ce qui tombe sous la vérification des sens..... Et toutes ces connaissances différentes concourent à la connaissance totale, à la Science humaine.

Voyons donc maintenant s'il est possible d'arriver à poser des principes susceptibles de dissiper les malentendus.

Deux méthodes, avons-nous dit, se partagent le monde et y provoquent la discorde en voulant s'entre-détruire. Si nous arrivons à démontrer que leur lutte est absurde parce qu'elles ne constituent que les deux moitiés d'un tout et qu'au lieu d'être essentiellement antagonistes elles sont les deux aspects complémentaires de notre curiosité, de la nécessaire curiosité nous attachant à la vie et nous faisant évoluer vers la perfection, nous apercevrons, du même coup, la possibilité de l'évolution supérieure du monde dans l'*Union pour la vie*.

Que font les hommes et les femmes depuis leur origine ? Ils travaillent à l'expansion de leur vie sous toutes les formes. C'est-à-dire en s'observant et en examinant le monde extérieur ils cherchent *les rapports vrais entre les êtres, entre tous les êtres.*

Chaque fois qu'ils trouvent un de ces rapports invariables, ils font une découverte qui augmente l'intensité vitale et les chances de durée. Mais, en même temps, comme la voie expérimentale — qui est la voie phénoménale même — conduit lentement à des vérités nouvelles, à la certitude positive, l'esprit impatient s'ouvre à des hypothèses merveilleuses, d'autant plus charmeresses qu'elles s'éloignent de la réalité douloureuse. L'être humain a besoin de rêver ; il lui faut faire surgir du sein de sa fantaisie splendide un monde meilleur, beaucoup plus beau que celui où les formes physiques l'enferment et le font s'agiter d'une manière souvent si misérable. Son esprit, trop à l'étroit dans les réalités éphémères, s'élève à la conquête de l'univers ; il voudrait étreindre l'infini, dévoiler tous les mystères, contempler la vérité immuable dans sa splendeur pure..... Et, noblement impatient, il imagine des morales, des religions, des explications de la vie et du monde : systèmes souvent grandioses qui, durant des siècles, tiennent l'humanité haletante d'enthousiasme et de supérieure allégresse. Mais les systèmes s'écroulent, remplacés successivement par d'autres plus vastes, plus grands, plus logiques.....

Et pourquoi donc cette même succession des intuitions humaines, depuis les rapports absurdes que les sauvages établissent gratuitement entre une lettre et une pierre, par exemple, jusqu'aux rapports justes découverts par les physiciens et les chimistes ; depuis l'adoration des fétiches jusqu'à la conception des dieux du paganisme symbolisant les vertus et les vices humains, puis jusqu'à la conception du déisme, du théisme ou du panthéisme ? Depuis le sentiment de la juxtaposition de faits physiques, sans lien entre eux, jusqu'à l'idée des rapports précis reliant ces faits et amenant au concept de la loi d'abord physique, ensuite psychique et enfin morale ?

Ce déchet continuel des hypothèses déductives n'indique-t-il pas que, en dernière analyse, tout aboutit à la méthode expérimentale ? Comment pourrait-il en être autrement puisque toute notre vie, nos concepts les plus subtils ou les plus grandioses ont pour support nécessaire le corps, soit un ensemble de phénomènes sensibles ?

Or, de cette vaste enquête que l'homme poursuit depuis l'origine de la réflexion, que résulte-t-il ? Une vérité capitale pour l'avenir de l'humanité : c'est que tout ce qui tombe sous les sens est soumis à la loi du déterminisme. Et voilà le domaine de la science expérimentale bien établi. Grâce à la biologie, la physiologie, l'hygiène, l'économie politique, la psychologie et la sociologie, il sera possible de trouver les conditions propres au bien-être physique des individus, d'abord, puis les rapports plus élevés — éthique et esthétique — dont l'ensemble constituera la morale pragmatique. Mais, dira-t-on, lors même que nous aurions ainsi trouvé une sorte déquilibre matériel dans la société ; une morale et une justice sociales, la conscience humaine ne serait pas satisfaite : elle aspire à des rapports d'un ordre encore plus élevé. Sans doute,

lorsque l'être se heurte à des injustices irréparables —
et cela est fréquent — il ne peut s'empêcher de songer
à une justice supra-terrestre. Même sans parler de
justice, la simple curiosité qui l'anime, l'enlève au-
dessus de notre sphère et par de là notre système
astronomique l'entraîne à la poursuite de rapports
sans fin !.... Mais qu'importe ? Avant tout, il vit d'une
vie physique. Son corps est soumis à la loi du déterminisme qui se révèle partout. Et il lui faut opter
entre la vie et la mort. S'il veut penser, s'élever toujours davantage vers le beau, le bien et le vrai, il doit
améliorer sans cesse les conditions de son existence
matérielle. Car ce ne sont point les hommes ni les
femmes peinant douze ou quatorze heures par jour
dans les mines, les usines ou les ateliers qui peuvent
vivre d'une haute vie mentale. La dure nécessité de se
nourrir, de se vêtir et de se loger seulement retient les
humains dans les basses couches de l'animalité. C'est la
science et la science expérimentale seule qui peut affranchir l'homme et la femme au point de vue matériel. Et,
comme nous l'avons montré au cours de cette étude,
l'esthétisation de la vie n'est possible que si les individus disposent de suffisants loisirs, c'est-à-dire si le
quotidien labeur ne les courbe pas sans trêve vers les
premières nécessités de la vie.

Et à la lueur de cette analyse du malaise contemporain, nous apercevons, parmi les ruines du passé que
l'histoire amoncelle pour notre regard, les bases majes-
tueuses et indestructibles de la cité nouvelle. Les doc-
trines métaphysiques, naguère ennemies, s'unissent
loyalement sur le terrain des améliorations sociales qui,

sans conteste, sont la base de la haute civilisation entrevue. Et, lorsque les maux physiques seront détruits (travail excessif et douloureux ; misère) ou très amoindris (épidémies, phtisie, etc., maladies diverses provenant des conditions anti-hygiéniques) l'ère de la haute humanité s'ouvrira où les partis religieux et philosophiques découvriront sans doute par la controverse courtoise d'autres principes communs qui uniront encore les hommes dans une étape plus élevée de l'évolution.

Et tout cela ce sera encore de la science. La science ! mot sacré et profond qui enferme tout !

Nous avons donc trouvé un principe susceptible de mettre d'accord les partisans de saint Thomas et les partisans de Bacon.

Résumons-le. L'homme et la femme vivent d'abord physiquement. Les conditions de leur progrès intellectuel et moral résident dans l'accroissement de leur bien-être matériel. Tous les membres d'une même cité et même de l'espèce sont solidaires.

Voilà des vérités définitivement établies que nous pouvons enfermer dans cette brève formule : *la collaboration de tous les humains (sans distinction de sexe, de race ni de croyance) à la construction du bien-être individuel et collectif est une nécessité primordiale et urgente.*

Et ceci nous amène à reconnaître que l'État ne peut que veiller à la liberté et à la sécurité des citoyens. C'est pourquoi l'État ne peut qu'être laïque. Il ne l'est pas par la fantaisie passagère de quelques politiques : il l'est ou le doit devenir par l'évolution fatale de l'humanité même. Et il le restera tant que les sociétés,

rivées à la douleur par les soucis excessifs de l'existence matérielle ne pourront s'élever au-dessus des
conflits orageux des croyances rivales.

Peut-être, dans un avenir très lointain, une vaste synthèse de la vie rassemblera-t-elle les individus dans
l'union sereine d'un large idéalisme et l'État se con-
fondra-t-il avec cette synthèse (1). Mais au lieu de nous
aventurer ici dans des hypothèses en futurition, revenons au temps présent et recherchons si les femmes
doivent entrer tout de suite de plein pied dans la politique militante. Et d'abord que doit être la politique ?
Restera-t-elle « l'art de mentir à propos » ; ou « l'art
de tromper les hommes ? » Sans partager absolument
l'opinion de Voltaire et de D'Alembert, il faut convenir que la politique actuelle s'éloigne encore beaucoup
de la sincérité et consiste trop souvent en querelles de
mots, en discussions de personnes, en vagues déclama-
tions oratoires.

La politique doit se rapprocher de plus en plus de
la sociologie et c'est pourquoi nous pensons que les
femmes y doivent arriver d'une manière originale,
c'est-à-dire en y apportant des lumières nouvelles par
une étude préalable de la science sociale. Voilà pourquoi nous nous séparons ici nettement de Stuart Mill.

Incontestablement, aux époques où la politique
« était l'art de tromper les hommes » les femmes s'y
montrèrent fort habiles. Aujourd'hui, l'accès du sexe
féminin à la vie politique devrait amener une heureuse
révolution de l'art de gouverner et surtout de discuter

(1) C'est notre espoir et même notre foi profonde. (Voir notre
article la Forme et l'Idée (Revue encyclopédique, 12 nov. 1898.)

avec courtoisie et élégance, mais par l'*imitation* que les fortes habitudes parlementaires leur imposeraient, il est très probable que les élues verraient sombrer leur prestige dans la brutalité des polémiques.

Nous aurions quelques discours de plus. Hélas ! nous avons déjà trop de rhétorique.

Ce n'est donc point pour augmenter le nombre des harangues qu'il faut accorder d'emblée aux femmes l'éligibilité politique, du moins en France.

Aussi bien malgré une pléiade de femmes éminentes qui ont su conquérir la célébrité dans les lettres, les sciences et les arts, la généralité des femmes ne sont pas suffisamment préparées à maintenir et à faire développer l'esprit laïque à la fois d'une manière ferme, inébranlable et avec l'impartialité philosophique dont l'État, plus que jamais, doit faire preuve.

Il serait à craindre que l'irruption subite des femmes dans les affaires politiques rendit les passions plus violentes et accrut le trouble que ses excès jettent dans la nation. Car il faut avoir la franchise de le reconnaître : les polémiques parlementaires se répercutant dans la presse quotidienne sont descendues à un tel degré de passion qu'elles produisent une effervescence permanente et funeste à la civilisation. Les femmes ont donc d'abord beaucoup mieux à faire qu'à courir aux urnes ou à aller tricotter des lois dans les Parlements. A notre sens, elles doivent s'attacher premièrement à réformer l'éducation qui ne repose point encore sur des principes scientifiques précis.

Sans doute, il importe qu'elles s'élèvent rapidement à l'émancipation politique, mais nous pensons (eu égard aux causes des conflits profonds qui provoquent un si grand malaise dans la société présente, — causes que nous avons essayé de déduire —), que, dans leur propre intérêt même, elles doivent s'introduire avec beaucoup de prudence dans les assemblées politiques.

Que les femmes ne s'y trompent pas. En dépit des apparences, la politique évolue comme toutes choses. Elle prétendit naguère vivre de sa vie propre, sans alliance véritable avec les sciences et les arts ; et elle y réussit, car à l'autorité arbitraire, niant le respect de la liberté individuelle, l'intrigue habile et la ruse suffisent. Si les événements contemporains nous donnent encore parfois le triste spectacle du mensonge servant de règle souveraine à l'art de gouverner, les convulsions sociales qui en résultent nous indiquent que nous marchons vers la sincérité qui est la clairvoyance même des vrais intérêts nationaux et internationaux.

La politique fut l'art retors d'illusionner les peuples. Elle devra devenir, par l'accès des femmes aux affaires de l'État, la science bienveillante de répartir avec équité sur les membres de la cité les bienfaits de toute l'expérience humaine ; de bannir des relations extérieures l'amour-propre qui n'a plus aucun sens dès qu'il s'agit des collectivités, et de remplacer le sentiment absurde de la vengeance et de la contre-vengeance à l'infini, par l'arbitrage d'où la raison sereine des plus hauts représentants de l'humanité fera naître la paix universelle.

Voilà pourquoi nous estimons que les femmes, au lieu d'entrer subitement dans le moule séculaire de la politique, peu en rapport avec la sociologie et les nécessités démocratiques; au lieu de dépenser inutilement leurs efforts dans des habitudes routinières qu'elles ne pourraient briser, doivent s'attacher à modifier la mentalité du peuple par l'éducation. Elles doivent préparer la génération et se préparer elles-mêmes à une politique nouvelle. Et ainsi apparaît pour elles une mission urgente, d'une utilité et d'une beauté incomparables.

La femme doit d'abord agrandir, magnifier son rôle de mère, l'élever jusqu'à l'abstraction, car jusqu'ici elle est restée la mère trop exclusivement concrète. Elle doit s'intéresser à tout ce qui est humain; se pénétrer des grandes lois scientifiques, afin de rectifier son génie intuitif; enrichir son esprit pour faire équilibre aux trésors de son cœur. Elle aura alors la vision nette des principes impérissables de moralité que révèlent l'accroissement de la sympathie entre les êtres et la poursuite constante du *vrai* dont la science marque les étapes. Elle aura l'intellection vive que le monde évolue vers la *sincérité*. Et, après avoir agrandi sa conscience et s'être bien convaincue que sa fonction essentielle et inéluctable est d'être mère, c'est-à-dire éducatrice par la chair et par le verbe, la femme prochaine se penchera sur l'enfant, versera son âme chargée d'expérience et d'amour dans cette âme jeune et avide et elle créera la *science de l'éducation*. Elle ne sera plus seulement la mère autour du berceau, la substance nutritive de la race ; elle exercera aussi son influence sur l'adulte et, peu à peu, d'une manière plus bienfaisante et plus large, sur la société entière. C'est la femme surtout qui, par son action sociale, par ses créations pratiques, par l'organisation de la *solidarité effective*, montrera d'une manière éclatante tout ce qu'il y a de décevant, de vide ou de funeste dans la politique présente encore imprégnée de la défiance profonde déterminant naguère la nature des rapports entre les individus et entre les peuples.

Alors — c'est-à-dire en des temps fort prochains — les femmes, ayant jeté les bases solides de leur propre action sociale, se trouveront dans d'excellentes conditions pour entrer dans la politique et y exercer directement leur influence réformatrice bien originale.

Mais en attendant il est bon, il est juste, il est indispensable qu'elles soient admises dans les administrations, dans les comités de sociétés ayant pour but l'action sociale sous toutes ses formes : syndicats, universités populaires, sociétés coopératives, sociétés industrielles, conseils de l'enseignement à tous les degrés, sociétés de bienfaisance, d'arbitrage international, sociétés littéraires, artistiques, scientifiques, etc.

Ainsi, pourquoi donc n'y aurait-il pas des femmes à l'Académie française, ce salon où l'on cause ? Nous ne voyons pas une seule raison valable pour écarter systématiquement de l'Institut nos gloires littéraires, artistiques, scientifiques ou philosophiques, portant une signature féminine... à moins que les femmes ne dédaignent de se présenter parce qu'elles font elles-mêmes les académiciens.

CHAPITRE XVIII

La Science de l'Éducation.

L'éducation particulière et surtout publique ne repose encore sur aucun principe nettement établi par la science. — Est-il possible de tomber d'accord sur deux ou trois principes très généraux ? — Rôle de la femme dans l'éducation. — Éducation et instruction. — Les transformations de l'école. — Les universités populaires. — Les grandes agglomérations. — L'afflux vers les villes. — L'Alcoolisme. — Le militarisme. — L'esprit guerrier. — Il faut plus d'héroïsme pour lutter toute une vie durant contre la misère, que pour se faire tuer sur un champ de bataille. — Réaction contre l'intellectualisme exclusif.

CHAPITRE XVIII.

LA SCIENCE DE L'ÉDUCATION

L'éducation particulière et surtout publique ne repose encore sur aucun principe nettement établi par la science. — Est-il possible de tomber d'accord sur deux ou trois principes très généraux ? — Rôle de la femme dans l'éducation. — Éducation et instruction. — Les transformations de l'école. — Les universités populaires. — Les grandes agglomérations. — L'afflux vers les villes. — L'Alcoolisme. — Le militarisme. — L'esprit guerrier. — Il faut plus d'héroïsme pour lutter toute une vie durant contre la misère que pour se faire tuer sur un champ de bataille.—Réaction contre l'intellectualisme exclusif.

Nous avons vu les causes du malaise contemporain, cherchons maintenant le remède. Il doit être en premier dans l'éducation. Une éducation parfaite serait celle qui, tout en adaptant les deux sexes à la vie pratique, développerait l'originalité harmonique de toutes les facultés morales et intellectuelles de chacun et formerait des *caractères vrais*. Or, dans les conditions sociales présentes, une telle éducation se fait-elle ? Non ! et voici pourquoi :

1° Dans les écoles primaires, les enfants confiés à chaque maîtresse et à chaque maître sont trop nombreux :

2° L'instruction qui y est donnée est trop abstraite ; elle s'adresse trop à la mémoire purement intellectuelle; elle dérive trop des livres et pas assez des faits ; elle place les enfants dans des conditions trop artificielles ;

3° Grouper 50 ou 60 élèves dans une salle, 6 heures par jour, pour les initier à la vie au moyen de la parole ou de l'écriture, c'est méconnaître le développement naturel et normal de la personne humaine.

4° Dans l'enseignement secondaire, à toutes ces mauvaises conditions s'ajoutent celles de l'internat. On prépare ainsi des cérébraux mais non point des hommes ou des femmes propres à la vie réelle.

5° A tous les degrés de l'enseignement, c'est une erreur de séparer les enfants par sexe pendant toute la durée de la période scolaire.

Pour nous pénétrer de la justesse et de l'importance de ces critiques, considérons le principe que nous avons établi au chapitre précédent : *l'amélioration du bien-être matériel est la base de tous les progrès, même métaphysiques de l'humanité.*

Nous sommes là, en quelque sorte, en présence d'un axiome sociologique susceptible de nous mettre tous d'accord.

Et de cet accord dans la méthode de l'amélioration de la vie, doit naître un système d'éducation s'imposant sans conteste aux grandes majorités. La science expérimentale se résumant dans les droits et les devoirs de l'État, doit créer ce système d'éducation et conduire les deux sexes au plus haut degré de perfection sociale, soit de bien-être matériel, esthétique et moral. Ce qui importe, c'est non pas de tracer des règlements qui prévoient tout, c'est simplement de trouver un terrain sur lequel nous puissions tous nous rencontrer librement, amicalement, sans contrainte, quelles que soient les divergences métaphysiques. Cela est possible parce que nos besoins primordiaux — nourriture, vêtement, logement, reproduction — sont les mêmes.

Et l'on conçoit dès lors une éducation du corps et de l'esprit susceptible de rallier toutes les opinions. Essayons d'indiquer brièvement ce système.

Remarquons, tout d'abord, que pour éviter les inconvénients de la méthode déductive contribuant à façonner les enfants selon des conceptions *à priori*, à les conduire d'une manière uniforme à un idéal immobile, il faut tenir compte de la réaction personnelle de chacun et, au lieu d'étouffer cette caractéristique d'originalité, comme cela se fait nécessairement dans les grandes agglomérations scolaires, il est indispensable d'en favoriser le développement dans ce qu'elle a de sain et de normal.

Cela nous conduit à cette vérité cardinale : l'éducation forte, celle qui forme des volontés invincibles, des caractères homogènes, des esprits observateurs et réfléchis, des raisons claires, des jugements nets, doit être, en grande partie, individuelle. En d'autres termes, le professeur ne doit pas être un distributeur de formules, de préceptes, d'idées et de sentiments stéréotypés ; il doit être, comme Socrate, un accoucheur d'esprits, il doit pratiquer la maïeutique. Il ne s'agit pas d'encombrer de faits la mémoire de l'enfant, mais de donner de la force, de la finesse, de l'élasticité à ses facultés mentales en un mot de lui *ouvrir l'esprit*.

Il ne s'agit pas de juxtaposer sur sa conscience propre encore virtuelle, une conscience conventionnelle, toute faite, mais en le mettant en présence des personnes même, *d'ouvrir son cœur* à la bonté, à la solidarité, à l'affection, à la justice.

Il ne s'agit pas de lui apprendre les principes d'hygiène en le tenant immobile des heures entières dans une salle parfois mal aérée ou mal éclairée, mais de lui faire pratiquer une vie hygiénique et de lui montrer en même temps les causes des bienfaits que cette existence procure à tout son organisme, à sa santé physique, intellectuelle et morale.

Il ne s'agit pas de lui apprendre d'abord d'une manière abstraite une foule de notions qu'il devra résoudre à grand peine en actes de la vie pratique ; il importe au contraire de le mettre dans des conditions telles qu'il pratique d'abord, qu'il soit ému, devant les aspects vrais de la vie familiale et sociale.

Mais comment les professeurs pourraient-ils s'occuper ainsi individuellement de chaque enfant ? A une condition essentielle : c'est que l'effectif scolaire soit considérablement diminué pour chaque maître ou, en d'autres termes, que le nombre des écoles soit très augmenté.

Pour rendre possible l'application d'un tel système

d'éducation, chaque maîtresse ou chaque maître ne devrait avoir que de 6 à 10 élèves au plus. Et la journée, au lieu de s'écouler tout entière dans l'inesthétique salle de classe et dans l'étroite cour de récréation, serait employée en partie, — durant les beaux jours — à des promenades agréables et instructives à la campagne ou à la ville. Sous la feuillée ombreuse, le long des cours d'eau, dans les sites pittoresques, quelle mine inépuisable d'enseignements vivants ! Et comme le professeur a sous les yeux un livre admirable pour y faire lire ses élèves ! La vie simple, robuste et saine du paysan ; le calme souriant de la fermière, au ménage propre et honnête ; les enfants vigoureux et roses, le teint un peu hâlé, s'ébaudissant sur l'herbe fleurie, cependant que les papillons aux ailes multicolores charment leur regard et les oiseaux chantant dans les bosquets caressent harmonieusement leurs oreilles.. Quels incomparables spectacles pour l'éducation morale et esthétique des enfants ! Et au point de vue instructif, au point de vue de la formation du jugement et de la conscience civique, quelles fructueuses comparaisons à faire avec le tableau vu la veille dans cette rue étroite, sombre et puante de la ville. Ils sont montés au sixième étage par un escalier sordide où l'air ne se renouvelle pas et ils ont visité un petit ménage de pauvres ouvriers. Une pièce unique, percée d'une toute petite fenêtre à tabatière. Pas de cheminée. Une femme maigre, de 25 ans, mais en paraissant 40, tout en faisant la cuisine sur un réchaud, allaitait un enfant pâle et chétif ; dans un coin, accroupis, deux autres enfants de 3 à 5 ans, à peine couverts de loques, se tenaient immobiles et tristes. La fumée emplissait l'unique chambrette et l'odeur de la cuisine, mêlée aux émanations délétères du charbon rendait l'air irrespirable. Soudain, bien qu'il ne fut pas encore la fin du jour, le père est rentré. Ses traits émaciés étaient contractés de colère et de douleur : la grève venait d'éclater à l'usine où malgré quinze heures de travail exténuant il gagne à peine pour ne pas laisser mourir de faim sa famille dans le taudis.

Un autre jour, visite à un musée, une usine, un atelier, etc....

Comme ces comparaisons saisissent les enfants et sont propres à leur donner une connaissance exacte de la société présente, et surtout d'ouvrir leur cœur à des sentiments généreux et leur esprit à des idées nouvelles de justice effective et de haute fraternité !......

Alors les conversations s'engagent. Et les leçons de langage, l'enrichissement du vocabulaire, les tours de phrases, les expressions pittoresques viennent toutes seules sans qu'on s'en doute. On écrira ensuite ce que l'on a dit.

Voilà la méthode naturelle. Elle est difficile à pratiquer, dira-t-on, et même impossible, car un État ne trouvera jamais les ressources suffisantes pour organiser l'enseignement public dans des conditions semblables. C'est ici que le rôle des femmes apparaît décisif et grandiose.

Si *les femmes le veulent,* une révolution admirable par l'éducation se fera rapidement. Voici comment :

Pour parer aux dépenses que nécessiterait une éducation publique ainsi comprise, il suffirait d'amoindrir le budget de la guerre par la suppression du militarisme et l'application de l'arbitrage international. Si les femmes — non seulement celles qui ont une haute notoriété, mais *toutes les mères* — prennent à cœur de faire disparaître la guerre imbécile et cruelle qui maintient à l'état de barbarie notre prétendue civilisation, elles peuvent réussir, en peu de temps à faire diminuer — nous n'osons dire supprimer — le budget, le monstrueux budget de la guerre (1).

Mais en éducation surtout, c'est une erreur funeste aux nations que d'attendre tout de l'État. Alors même que les écoles publiques se transformeraient à bref délai selon l'idéal que nous venons d'esquisser, il resterait beaucoup à faire à l'initiative privée pour une large éducation éthique et esthétique du peuple. Les trois ordres d'enseignement public sont et resteront trop hiérarchisés, quoi qu'il advienne. Or, dans l'organisme social, les citoyens séparés par la diversité des fonctions doivent, dans un intérêt commun chercher à se toujours mieux comprendre. Si les hommes — travaillant par le marteau, la truelle, la charrue ou la plume — savaient combien ils diffèrent peu les uns des autres devant les nécessités essentielles, que de préjugés tomberaient pour faire place au sentiment d'une effective solidarité ! Déjà à Paris s'est fondée une *Université populaire* où les intellectuels et les prolétaires, moins lettrés, mais connaissant mieux la réalité dure ou douloureuse, se rencontreront chaque soir et, en des causeries libres et simples, confronteront leurs aspirations sociales. De pa-

(1) Voir le beau livre de M. Charles Richet : *Les Guerres et la Paix.*

reils centres de supérieure éducation mutuelle, en se
multipliant sur tout le territoire de la République, exerceront une heureuse influence au point de vue économique, moral et esthétique. L'éducation sociale ainsi
comprise, c'est-à-dire rayonnant jusqu'aux petites
villes, hâtera l'union des cœurs et des esprits, cette
union pour la justice, qui galvanise l'âme de la multitude et lui fait accomplir de grandes choses. Si la France
voulait seulement employer un milliard à l'éducation
supérieure du peuple au lieu de réserver ses ressources
pour le faire égorger le cas échéant, elle accomplirait
une révolution bien plus profonde et bien plus réelle
qu'en 1789.

Nous le répétons, les femmes, même avant de conquérir les droits politiques, peuvent exercer une action
prépondérante pour faire accepter d'abord l'arbitrage
international. Lorsqu'elles se seront bien pénétrées de
cette vérité, qu'il faut plus d'héroïsme pour lutter
toute la vie contre la misère ou les souffrances que
pour se faire tuer sur un champ de bataille, l'esprit
guerrier aura disparu de nos mœurs. La belle procla-
mation du Tzar, l'année dernière, la conférence de la
Haye, il y a peu de mois, éveillent à ce sujet les plus
fortes espérances.

Alors, la paix étant assurée, le sot armement ruineux
arrêté, quel magnifique champ s'ouvrira à l'activité
féminine ! Destruction de l'alcoolisme, des habitudes
du cabaret, de la débauche, de la prostitution ; transformation du régime des prisons ; suppression de l'in-
ternement des aliénés non dangereux, création d'universités populaires, etc......

La politique aura déjà ouvert ses portes aux femmes. Mais, mieux éclairée par une alliance inévitable avec la psychologie, la sociologie et la philosophie, elle aura renoncé à se payer de mots et reconnu qu'il est contraire au bonheur individuel et au libre développement des sociétés de multiplier inconsidérément les lois.

Les femmes, devenues dans tout l'organisme social les associées des hommes, partageant avec eux le souci suprême des affaires de l'État, la vie collective se développera plus puissante, plus juste et plus libre.

Une large et libre collaboration des sexes montrera la multitude des préjugés dont notre route s'encombre.

Ainsi, les savants trouvent une vérité et l'expriment. On la traduit de mille façons différentes, de sorte qu'en traversant une multitude d'esprits elle se déforme et, dans ses applications, peut produire des ravages.

Prenons cette découverte de la psychologie expérimentales : toute idée tend à se convertir en acte. M. Fouillée l'a développée dans sa magistrale théorie des *Idées-Forces*. Donc les idées sont des forces. Et, comme dans certains cas, des idées saines, formant un heureux équilibre avec les autres forces qui composent l'individu, amenèrent de bons résultats, produisirent des chefs-d'œuvre propres à exalter les sensations agréables, à agir d'une manière salutaire sur l'humanité ; un beau jour on décréta la culture exclusive et intensive de tous les cerveaux, sous prétexte qu'en répandant des idées-forces au hasard, on amènerait nécessairement un plus grand bonheur individuel, un meilleur équilibre social.

Eh quoi ! Si l'on combine de tous petits fragments

de matière dépourvue de vie — selon notre langage conventionnel — on produit des déflagrations effroyables ; comment donc des forces *vives*, combinées sans méthode, n'amèneraient-elles pas des perturbations funestes ?

On a fait une expérience et, il faut le dire, une expérience vraiment grandiose. Mais les résultats déjà obtenus semblent montrer que les combinaisons des énergies mentales, faites à l'aventure dans ces creusets qui s'appellent des cerveaux, sont infiniment plus dangereuses que les mélanges de substances explosibles dans un laboratoire.

C'est là une des causes de l'émiettement phsychologique sévissant sur notre époque et amenant un si redoutable écart entre l'activité et le bonheur. Nous ne saurions ici passer en revue ni même signaler d'un mot rapide toutes les causes qui, très puissamment, contribuent à la crise dont notre temps s'épouvante. Mais il est deux causes assurément capitales qui, à considérer les choses sous un certain angle, embrassent presque toutes les autres.

Ce qui est surtout inquiétant, c'est le divorce entre le progrès de la pensée et la joie de vivre. Cet état d'âme pénible des civilisés résulte principalement de la force suggestive des faits toujours plus nombreux parmi lesquels les individus s'embarrassent, dispersent leur attention, égarent leur sensibilité, gaspillent leur vouloir et dissolvent leur caractère.

En regardant toujours les menus détails qui les entourent — et ils y sont de plus en plus contraints par la vitesse accélérée de la vie — les gens tournent, s'agi-

-tent et se perdent en des labyrinthes d'actes et de paroles : bientôt ils se trouvent frappés de myopie mentale.

Et ce qui d'abord n'était que *moyen* devient *but*.

Ainsi, c'est incontestablement par l'association de leurs forces éparses que les hommes et les femmes créèrent les merveilles des lettres, des sciences et des arts. Les grandes villes furent de magnifiques foyers de civilisation aux époques où l'on devait se sentir les coudes pour se connaître et s'entr'aider ; pour échanger les idées et les sentiments ; pour lutter en faisceau contre l'hostilité permanente des êtres et des choses.

Mais ces agglomérations, provisoires moyens de progrès, s'accroissent toujours sans égard aux conditions nouvelles qui ont, pour ainsi dire, supprimé la distance. Les hommes continuent à se grouper en masses compactes sans songer que les ruches humaines, utiles, même indispensable naguère, ne répondent plus à la civilisation de l'imprimerie, de la vapeur, de l'électricité, du téléphone...

Pressés en des espaces trop réduits qui les obligent à escalader le ciel, les individus, maintenant que l'activité nerveuse est extrême, deviennent dangereux les uns pour les autres car ce ne sont pas leurs sensibilités supérieures qui se confrontent, mais leurs instincts égoïstes qui se heurtent et s'irritent réciproquement dans la banalité des rapports trop fréquents et *inutiles*.

A mesure que l'intelligence se dégage du mécanisme instinctif — ou semble s'en dégager, car pour notre conscience, cette illusion, si c'en est une, équivaut à la réalité — à mesure que les sentiments s'affinent, se subtilisent, que les idées prolifèrent et qu'elles enrichissent l'esprit, les relations continuelles entre les individus ne sauraient contribuer au bonheur de chacun ni de la collectivité. Ces relations, en effet, dans la majorité des cas, mettent surtout en jeu les instincts les moins élevés, les plus égoïstes car le geste brutal est encore le plus violent, le plus suggestif. Aussi les foules — sauf quand tous les individus communient d'une manière sublime en une foi ardente — n'exaltent que les sentiments les moins recommandables des personnes qui les composent.

Il viendra un jour où la grande voix de la science étouffant celle de nos instincts inadaptés fera entendre combien il est pernicieux pour l'individu, pour la famille, la cité et la race de s'entasser en d'étroites cellules superposées.

Chacun comprendra enfin que les poussières que nous nous secouons bêtement sur la tête avec une singulière réciprocité, sont le véhicule de la plupart des maux dont nous souffrons ; que les grandes agglomérations engendrent de terribles maladies physiques et morales : choléra, peste, phtisie, névropathie, perversions diverses, folies, impulsions au crime et au suicide.....

Et quelques-uns de ces fléaux qui affligent les civilités ne seraient-ils pas dus surtout à la *limitation trop étroite de l'espace* que les hommes stupidement s'imposent ?

On a remarqué — sans pouvoir l'expliquer encore — que les poissons acquièrent un moindre développement dans les petits cours d'eau que dans les grands fleuves ; Semper, Witfield et de Varigny ont montré expérimentalement que la taille des limnées est en rapport avec les dimensions de leur aquarium et l'on sait que les habitants des îles — au moins les animaux d'une certaine taille, tels que les mammifères — sont plus petits que ceux des continents (1).

Or voici qu'en Amérique des maisons de trente étages s'édifient nombreuses et le temps est proche, dit-on, où sur le sol des belles audaces, mais aussi de toutes les excentricités, se dresseront de monstrueux blocs de cinquante étages !

Par une aberration déplorable dont ils subissent déjà le triste effet, les civilisés veulent s'isoler de plus en plus de la terre dont la verte parure exerce une action bienfaisante sur la sensibilité vague, sur la cœnesthésie, comme disent les physiologistes, c'est-à-dire sur les sources inconscientes ou sub-conscientes de l'intime et constante allégresse.

Oh ! la petite maison propre, individuelle, à l'air honnête, riante parmi les arbres et les fleurs....

C'est le temple où l'homme se recueille, où il pense, où il espère, où il vit les heures les plus douces, les plus saines, les plus intenses. C'est là qu'il goûte les plaisirs les plus élevés. C'est là que, chaque soir, après le labeur ou les distractions du jour, il retrouve les effusions réconfortantes de ceux qu'il aime... Et l'agrément de sa maison n'est pas sans produire une influence heureuse sur le cours de sa vie affective et sur le large développement de ses instincts sociaux.

Sa demeure, qu'il cherche à enjoliver sans cesse,

(1) CUENOT. *Influence du milieu sur les animaux.*

fixe sa personnalité et l'harmonise. Les meubles, les arbres du jardin, témoins discrets et fidèles de ce que son cœur a fait éclore de plus tendre et de meilleur, lui parlent des êtres chers qui ne sont plus. Le père et la mère ne sont pas morts tout entiers, car dans l'atmosphère où ils vécurent si longtemps, leurs figures aimées reparaissent, s'animent et font presque illusion. Chaque pas, dans cette demeure, réveille un million de souvenirs et grave le présent. C'est là surtout que la femme peut atteindre aux plus hautes vertus. La maison individuelle est le miroir de la vie.

En vérité, il est essentiel que le couple humain *localise ses sentiments tendres dans un cadre gracieux et salubre.*

Or, dans les grandes villes et les grands grands centres industriels, les logements des ouvriers, soit de la majorité des habitants, sont fétides et sans air ni lumière.

En de pareils réduits, dans la promiscuité malsaine que l'espace trop étroit détermine, comment ce qu'il y a de bon et de beau dans la nature humaine pourrait-il librement s'épanouir ?

Les villes, signes éloquents de l'union humaine, furent d'abord les matrices du progrès ; mais, si elles ne s'accommodent pas désormais aux moyens de communications rapides, aux besoins nouveaux de l'activité nerveuse, elles deviendront des causes de dégénérescence.

Et ce n'est pas au nom d'un vague sentimentalisme, d'une creuse rousseaulâtrie que les maisons se modifieront et s'espaceront, mais sous l'influence impérieuse de la nécessité dont chacun ne tardera pas à avoir une notion claire.

L'hygiène sociale détruira bientôt cette loi redoutable signalée par les économistes et les démographes : « la force d'attraction des groupes humains est, en général, proportionnelle à la masse (1) ».

Une telle loi que l'afflux croissant de la population rurale vers les grandes villes confirme tous les jours, dérive de l'instinct maintenant fort mal adapté à notre vie psychique.

Ainsi, c'est par un véritable automatisme qu'on *invente* toujours à l'aventure comme si les inventions mécaniques étaient la *fin* de l'activité. On crée, semble-t-il, pour étonner seulement. Mais étonner *qui* dans l'univers ?

Et au lieu de profiter, cette puissance créatrice rend souvent plus malheureux. Comme si les maux naturels ou tout au moins immédiatement inévitables ne suffisaient pas, le génie humain a fait surgir des fléaux artificiels : l'alcoolisme, l'art ultra-savant de s'entre-déchirer par le verbe vénimeux, de s'entre-massacrer par des armes toujours plus curieuses et plus puissantes...

Et il semble que la fièvre de l'industrialisme désagrège toute éducation.

En haut, la mère n'a pas le temps de s'occuper elle-même de ses enfants : le « monde » l'absorbe et sa vie s'écoule sans le réconfort des joies saines et fortes que la nature lui offre par le sourire de l'enfant...

(1) Voir notamment E. LEVASSEUR : *La Natalité en France* (*Revue Scientifique*, 23 janvier 1897).

En bas, la femme est à l'atelier et, en dehors des heures des classes, ses fils ne recueillent guère que les suggestions perverses de la rue !

Et il en est ainsi à peu près partout, même en Angleterre, où l'on croyait la famille très solide. « La mère n'existe pas chez nous » a pu dire un Anglais (1).

Or la mère peut seule donner la « meilleure façon » au cœur de l'enfant. Éducatrice par le sang et par le geste elle peut fixer les rapports harmonieux entre les forces physiologiques, intellectuelles et morales, soit produire des « équilibrés », des « unifiés » comme dit M. Paulhan (2). Le caractère, c'est la puissance suffisamment prolongée d'agir d'une manière normale ; c'est la condition du bonheur personnel dans l'activité noble et utile pour la société et pour la race.

Aussi lorsque la femme aura éclairé sa suave mais souvent aveugle affection ; lorsque son jugement se sera affermi par la connaissance des grands courants scientifiques qui entraînent le monde loin, toujours plus loin de l'intolérance dogmatique, le sexe féminin comprendra la beauté de la mission qui lui est échue. Pénétrées de cette vérité que la moralité et la vigueur de la race doivent primer tout : les qualités intellectuelles, par exemple, et le savoir purement livresque, les femmes concevront non seulement l'éducation profonde de l'enfance, mais encore l'éducation supérieure du peuple.

Elles verront que l'éducation véritable réellement

(1) Augustin Filox. *La Femme anglaise et le socialisme* (*Revue de Paris*, t. IV, p. 55).

(2) F, Paulhan. *Les Caractères*,

salutaire doit sourdre de l'âme maternelle : alors elles *voudront* et pourront collaborer d'une manière très effective au bonheur de la cité future par le triomphe de la raison.

O femme ! Sois la mère auguste et sacrée ! Comprends ta puissance, ton rôle impératif et suprême dans la phase redoutable que la conscience traverse. Conquiers la liberté et ainsi élève le plaisir au concept de l'immarcessible beauté : la fugace et exclusive jouissance élémentaire forge les chaînes de l'humanité.

Voici que tu t'éveilles à une vie plus haute et que tu vas faire fleurir sur le monde les belles énergies qui pendant si longtemps sommeillèrent en toi.

Laisse à travers ton magique regard passer enfin le frisson vrai de ton âme comme dans tous les siècles tu as montré à l'homme ébloui la splendeur de tes charmes.

Par ta grâce et ton sourire tu as illuminé l'univers. La pureté de tes formes inspira les immortels chefs-d'œuvres qui font la gloire des civilisations ; ton âme radieuse de bonté, de sacrifice et d'amour constelle l'histoire d'indiscibles traits d'héroïsme....

Quels nobles fils, beaux, énergiques et forts surgiront de tes entrailles ; quelles merveilles insoupçonnées ne feras-tu pas éclore si, au charme plastique, à la grâce exquise se dégageant de ton geste et de ta voix, tu joins l'impérissable et magnétique reflet de l'intelligence ; si l'éclair révélateur d'une vaste conscience philosophique fait flamboyer en tes yeux une séduction nouvelle et fière !

Sois la mère auguste et sacrée ! Ainsi dans la fécon-

dité de tes flancs annoblis palpitera une vie meilleure :
  Le monde étonné verra

Une fée allumer dans un ciel infernal
Une miraculeuse aurore.

Et cette fée sera la mère !

CHAPITRE XIX

La Différenciation des Sexes.

C'est une nécessité pour le progrès moral et intellectuel; pour la santé et la régénération de la race. — Il ne peut y avoir entre les sexes que des équivalences. — En dehors des mathématiques, il n'y a pas d'égalité.

CHAPITRE XIX.

LA DIFFÉRENCIATION DES SEXES.

C'est une nécessité pour le progrès moral et intellec-
tuel; pour la santé et la régénération de la race. —
Il ne peut y avoir entre les sexes que des équiva-
lences. — En dehors des mathématiques, il n'y a
pas d'égalité.

Le mouvement en faveur de l'émancipation intégrale
de la femme est devenu si important en peu d'années
que maintenant il s'étend sur le monde entier. D'abord
il a été prétexte à railleries ; aujourd'hui des sociologistes semblent s'alarmer : ils voient qu'il s'agit non
pas d'une effervescence de surface et toute passagère,
mais bien d'une révolution profonde dont les conséquences les inquiètent et les troublent.

Bien entendu, nous ne faisons point allusion ici aux
esprits passionnés ou frivoles. Nous voulons parler
seulement les opinions sincères et mûrement réfléchies.
Donc des maîtres de la pensée contemporaine redoutent
la « masculinisation » des femmes.

Nous avons démontré au chapitre XI que ces craintes, en ce qui concerne la grâce et la beauté féminine, sont chimériques. En sera-t-il de même pour les qualités d'esprit et de cœur?

Il est incontestable que quelques femmes semblent comprendre leur affranchissement de singulière façon. Elles s'ingénient à singer les hommes sans s'apercevoir qu'elles manifestent un esprit d'imitation très banal. C'est là une erreur qu'il faut dissiper. Les femmes n'ont aucun intérêt à vouloir s'identifier par les gestes, les allures, le costume, les façons, le langage au sexe masculin. Par contre, cette identification, si elle était possible, serait néfaste à tout progrès, à l'esthétisation de la vie.

En effet : quel est le mobile de toute variation humaine? c'est la curiosité trouvant un aliment toujours nouveau dans les rapports avec les autres êtres. Et les plaisirs s'accroissent, se varient avec la satisfaction de la curiosité dans l'ordre physique, moral, intellectuel, c'est-à-dire dans les sensations, les sentiments et les idées.

Plus les combinaisons sont complexes, plus la vie devient intense et est susceptible de variation progressive.

Or, si nous observons que rien n'échappe à la fatalité universelle qui courbe la vie vers l'automatisme et la mort; si nous remarquons que cette loi dite de *répétition* régie surtout les sensations agréables, tout ce qui par la conscience ou la sub-conscience rend l'existence joyeuse;

Si nous tenons compte de ce fait que, jusqu'à présent, l'homme et la femme ne se sont guère rencontrés que sur le plan instinctif et qu'ils s'ignorent en réalité au point de vue esthétique, philosophique et moral;

Si nous constatons que, malgré le génie inventif, domestiquant les forces de la nature et couvrant la terre de merveilles, notre siècle, par la littérature, les conflits entre le capital et le travail, entre les patrons et les ouvriers, manifeste une certaine régression dans la joie de vivre;

Nous sommes obligés de reconnaître que l'humanité, prise dans sa civilisation d'ensemble, ne s'est pas encore élevée bien au-dessus de la conception biologique du *struggle for life*.

Cependant, dans cet univers si peuplé, tout vibrant de vie intense et féconde, où les êtres s'entre-dévorent pour vivre, l'homme et la femme se trouvent seuls à posséder la *conscience* et cet élément nouveau tend à réaliser la vie sous une forme inessayée dans la nature, *la forme morale*.

Tandis que la multitude des êtres grouillent dans la nuit de l'erreur et de la haine, notre espèce monte — si lentement ! — vers la radieuse justice, vers la beauté, la bonté, l'amour et la vérité souveraines.

Or, il paraît résulter de l'observation attentive de la société présente, que les combinaisons physiques et mentales des sexes, limitées par l'idéal mesquin de *l'autorité arbitraire* sont devenues incapables de perpétuer la joie forte de vivre et de répandre comme jadis le divin parfum de l'enthousiasme sur l'existence.

Il faut *au plaisir d'agir, de sentir et de penser*, de nouveaux éléments, favorisant des variations à l'infini.

Donc, obéissant d'ailleurs à une loi générale — l'actualisation de l'énergie par la combinaison d'éléments différenciés — les sexes doivent chercher un rajeunissement psychique par la fusion de consciences très spécifiées.

Les individus et les espèces sont précipités vers l'automatisme et la mort, à moins d'avoir recours à l'incessant progrès d'associations nouvelles.

Pendant longtemps on crut que de tous petits êtres, les infusoires, faisaient exception. Ils se seraient reproduit indéfiniment par voie agame et ainsi auraient joui d'une éternelle jeunesse. Mais depuis les admirables travaux de Maupas (1) il est établi que les infusoires sont soumis aussi aux conséquences funestes de la loi de *répétition* régissant la nature entière.

Après un certain nombre de générations par voie agame, ces êtres infimes périssent de vieillesse s'ils n'ont recours à de nouvelles combinaisons. Ils se conjuguent donc et ainsi, par des associations d'énergies modifiées, retrouvent la vigueur et la jeunesse.

Or, le règne de la force brutale, paraît impuissant à conduire l'humanité au-dessus de la lutte violente, c'est-à-dire à l'idéal supérieur entrevu à travers l'amour, le dévouement, le sacrifice, les erreurs, les injustices et la douleur universelle.

Aussi, vouloir faire de la femme l'égale de l'homme au sens où l'entendent certains, ce serait une aberration dangereuse si ce n'était une impossibilité. L'homme et la femme doivent être égaux devant la justice sociale, devant la liberté, c'est-à-dire juridiquement. Mais, hors de là, leur parité psychique est fort heureusement une chimère.

Le problème des sexes a souvent été mal posé. Il est

____

(1) MAUPAS. *Le Rajeunissement Karyogamique des ciliés* (*Archives de Zoologie expérimentale*, années 1888-1889), *La multiplication des ciliés.*

absurde de rechercher si la femme est « l'égale » de l'homme. En dehors des mathématiques, c'est-à-dire en dehors de l'abstraction pure, il n'y a pas d'égalité : dans la réalité vitale il n'y a, il ne peut y avoir entre les êtres que des équivalences.

La femme n'est donc pas et ne sera jamais un exemplaire de l'homme mental : elle est nécessairement autre à tous égards.

C'est pourquoi elle ne cherchera pas à nous *imiter* ; elle s'ingéniera au contraire à devenir toujours plus femme par la *grâce*, la *beauté* et par les qualités d'esprit et de cœur qui lui sont propres. Elle ne perdra jamais de vue cette vérité : *entre les sexes il ne saurait y avoir que des équivalences, et le progrès humain ne continuera que pour la normale et incessante différenciation de l'homme et de la femme*

On voit donc que si rien ne justifie les appréhensions de certains écrivains touchant l'émancipation de la moitié de l'espèce, le mouvement en faveur de la liberté féminine ouvre à l'évolution humaine des perspectives sans limites.

Durant toute la période où la *force* a été la sanction habituelle et dernière des rapports entre les sexes, c'est-à-dire pendant le règne de la défiance et de la dissimulation, le plaisir de *comprendre*, comme le dit Aristote, a été l'un des plus grands pour l'homme. Mais comme la défiance se change peu à peu en noble curiosité, les plaisirs supérieurs des sexes consistent désormais à *se faire réciproquement comprendre*. Le monde évolue vers la confiance et la sincérité.

Et cette évolution, nous l'entrevoyons à la lumière

du principe biologique suivant qui, tout en éclairant le passé et le présent, projette quelques rayons sur l'avenir, car il domine les métamorphoses vitales : *Toute activité saine, nouvelle et féconde s'accompagne de plaisir à la fois physique, esthétique et moral.*

Voilà comment dans leur diversité mentale toujours plus riche se combinant, s'harmonisant en un libre accord moral, les sexes semblent devoir s'orienter. L'homme, si l'on peut ainsi dire, a fourni la thèse de l'humanité ; la femme donnera l'antithèse et, de ces deux aspects différents de la pensée, de la conception de l'être et des êtres, des rapports de l'âme humaine avec les forces de l'univers, de la comparaison et de l'union des idées et des sentiments respectifs des sexes sur les phénomènes de conscience et sur les phénomènes externes, résultera l'ultime synthèse ou, selon le mot de Renan, savoir, admirer, aimer, se confondront en un même foyer suprême.

Et ce besoin de variation, d'ailleurs inévitable, nous croyons pouvoir en formuler la loi de la manière suivante : *Les plaisirs supérieurs de l'homme et de la femme sont coefficients respectifs et réciproques de leur intensité, de leur variété, de leur noblesse respectives et sympathiques ;* ou, en d'autres termes : *la plus haute évolution humaine est subordonnée à l'incessante différenciation, surtout psychologique des sexes.*

CONCLUSIONS

Nous arrêtons ici cette analyse du « problème des
sexes ». Au fur et à mesure que nous pénétrions
mieux cette question nous nous sommes convaincu que
c'est l'une des plus difficiles et des plus importantes de la
sociologie. Au fond, on peut dire qu'elle embrasse
presque tout, car elle est liée indissolublement aux
lois du plaisir physique, moral et esthétique et à toutes
nos conceptions sur la conscience et les rapports de
consciences au point de vue terrestre et métaphysique.
Et le plaisir est la base de la vie même.

Notre étude, on l'a vu, a deux parties distinctes encore
qu'elles ne soient pas séparées en deux livres : la partie
purement scientifique comprend l'examen impartial
de la psychologie contemporaine touchant les facultés
respectives des sexes ; l'autre renferme les hypothèses que nous avons cru pouvoir faire en nous aidant
des grandes conclusions scientifiques présentes.

Malgré la prudence que nous avons adoptée dans la
recherche du vrai et malgré l'impossibilité ou nous
sommes tous de promener avec sûreté notre clairvoyance sur un avenir bien lointain, nous sommes
obligés de poser des déductions à allure de principes.

Nos conclusions participeront donc de la certitude positive et de l'hypothèse scientifique que l'humanité impatiente et curieuse des temps futurs ne peut s'empêcher de faire. Un troisième élément, apparaîtra comme facteur de ces conclusions : c'est l'intuition pure. Nous n'avons pas cru devoir rejeter avec dédain cette sorte d'illumination intérieure venant des profondeurs de l'inconscience et projetant autour de la logique raisonneuse, du concept abstrait pur, le souffle vivifiant du sentiment poétique.

A notre sens, le sentiment doit rester le support de l'idée même la plus abstraite. Celui-là conduit à la vérité directement par simple inférence ; celle-ci la vérifie d'une manière précise et définitive par le syllogisme.

Nos conclusions, ainsi présentées et composées de tels éléments, demandent quelque crédit à l'expérience sociale : si elles sont justes, elles vivront ; si elles sont fausses ou entachées d'erreur, le temps les détruira ou les corrigera comme il fait fatalement de toutes les constructions logiques, passant souvent à côté de la réalité phénoménale en état d'incessante métamorphose.

Voici ces conclusions :

1° Pendant les stades inférieurs de l'évolution, la suprématie physique favorise le perfectionnement de l'esprit.

2° C'est pourquoi le sexe féminin a montré des qualités inventives moins brillantes que celles des hommes.

3° Mais déjà la *force musculaire* est détrônée par la *force psychique*.

4° Tout en reconnaissant une apparente infériorité sociale accidentelle, provisoire, extérieure, de la femme dans l'évolution indéfinie de l'humanité, cette infériorité ayant son principe dans la minorité physique et, d'autre part, les conditions de la valeur sociale de l'individu s'étant déjà profondément modifiées en ruinant le prestige de la suprématie physique, il serait souverainement faux de conclure des actes passés à des actes identiques dans l'avenir, de la femme des âges disparus à une femme toujours la même dans les temps futurs.

5° La science cotemporaine ne peut, au nom d'aucun principe absolument établi, affirmer « l'incurable infirmité mentale de la femme. » C'est par cette tendance trop fréquente à vouloir construire définitivement le monde d'après l'examen de quelques faits isolés, insuffisants et contradictoires, c'est aussi et *surtout* parce que leurs raisonnements sont viciés par des sentiments égoïstes et d'ailleurs trop conventionnels, que des écrivains ont répandu et professent encore l'opinion contraire : la plupart des jugements de l'homme sur la femme dérivent plutôt de sourds instincts irréductibles — dont la pensée s'affranchit à des moments fort rares — que de la raison lumineuse et impersonnelle.

6° Cependant, en présence des *faits*, les grands adversaires de la liberté féminine sont obligés de venir à résipiscence.

Nombre d'auteurs, s'emparant de quelques observations superficielles, ont conclu dogmatiquement contre la femme. Il faut se garder de les imiter dans leur intransigeance imprudente, en concluant différemment avec autant d'assurance tranchante.

Mais nous dirons cependant hardiment : donnons la liberté à la femme, car la liberté est la mère de l'originalité, de la variété, c'est-à-dire du progrès et, d'ailleurs, tout individu a le droit et même le devoir d'*être soi*. La grande loi de solidarité qui se révèle partout n'empêche point les êtres de conserver leur respective et infrangible autonomie intime.

Il ne faut point redouter la liberté féminine : par les variations mentales Prométhée se délivre. La liberté est à la fois l'effet et la cause de l'évolution de l'intelligence et l'intelligence ne peut que chercher le bien de l'individu.

Le couple humain est d'ailleurs essentiellement solidaire dans ses plaisirs de tout ordre : aussi la raison, soit de l'homme, soit de la femme, dans son concept d'une vie la plus diverse possible et la meilleure, ne saurait vouloir ce qui, réciproquement, serait nuisible à l'un et à l'autre. Donc, si la femme est, par nature, incapable de faire un solo dans le concert humain, il n'y a aucun danger à lui donner la liberté : elle subira fatalement l'ascendant de l'originalité masculine ; elle ne sortira pas du rang ; si, au contraire, elle parvient à s'élever à la haute autonomie mentale, elle ne pourra que contribuer à l'accroissement et à l'esthétisation de tous les plaisirs.

La *répétition* affaiblit successivement l'intensité des sensations, décolore l'idéal, refroidit l'enthousiasme, tire le rideau sur les images poétiques, fait s'évanouir l'allégresse intime dans le morne automatisme.

Ainsi, par cette fatalité même régissant les rapports entre la satisfaction profonde de l'être dans la vie active et des organes bornés et distincts le figurant dans le temps et dans l'espace, d'une part ; la spécification des sexes, la complexité de leurs relations, — physiques, intellectuelles, morales, esthétiques, religieuses, — la variété infinie du phénoménisme extérieur et des concepts métaphysiques, d'autre part ; la vie ne se peut agrandir pour la *sensibilité agréable*, pour la conscience normale que grâce à l'incessante et progressive différenciation psychique des sexes.

L'existence humaine ne saurait parvenir à la forme la plus brillante et donner à chacun le maximum de bonheur, en un mot, se réaliser dans son intégrale beauté que par cette continuelle différenciation des sexes se conbinant dans leur *libre accord*, dans leur *union* pour la lutte contre la nature aveuglément hostile, dans l'expérience synthétique du monde extérieur et dans l'introspection aiguë de leurs consciences respectives et complémentaires.

Et déjà s'aperçoit l'aube d'une ère nouvelle : la défiance originelle qui fait subsister entre les êtres la lutte féroce, s'atténue par la disparition progressive de l'ignorance et se change en *noble curiosité*.

D'abord par une sorte d'intuition confuse, puis, grâce à la logique, l'homme reconnaît que nul, au fond, n'a réellement intérêt à tromper. Peu à peu, la raison de l'homme et de la femme s'élevant au-dessus des fugitives passions personnelles s'adonne à la recherche du *vrai :* ainsi naquit et se développe indéfiniment la science. Superbement impavide, c'est l'aimant toujours plus puissant qui attire, irrésistible, nos rares fragments de sincérité et les fixe à jamais. D'où ce respect et ce sentiment de confiance qu'à chacun elle inspire. Son prestige subjugue tout d'une manière plus impérieuse de siècle en siècle jusqu'à ce que devenant la reine omnipotente et lucide gouvernant et pénétrant la vie essentielle dans ses manifestations individuelles et sociales, elle rende enfin inutiles, ridiculement vains nos tristes mensonges conventionnels.

Si les humains n'avaient pas trouvé ce salutaire soupirail, il y a beau temps qu'ils se seraient asphyxiés dans le mensonge et l'erreur.

Donc, que nous le veuillions ou non, l'évolution des sexes s'accomplit vers la *sincérité* qui est la soupape de sûreté psychique du monde.

FIN

TABLE DES MATIÈRES

Introduction.. 3

CHAPITRE I. — La force et les rapports entre les sexes : Pendant les premiers stades de l'évolution l'intelligence s'est développée en raison directe de la suprématie physique.. Le Matriarcat............... 11

CHAPITRE II. — Le progrès de la pensée : Force physique et valeur individuelle et sociale de l'être humain dans la cité moderne. — Puissance physique et Puissance mentale dans la cité future : la Transformation des forces. 29

CHAPITRE III. — Sensibilité et intelligence : La sensibilité à la douleur ; la sensibilité au plaisir....... 41

CHAPITRE IV. — Le cerveau et l'intelligence : Y a-t-il un rapport absolu entre le développement de l'intelligence et le volume, le poids ou les circonvolutions du cerveau ?............................ 57

CHAPITRE V. — Les actes et l'intelligence : La signification des actes. — Les actes ne sont pas les purs signes de la meilleure adaptation de l'individu au milieu............................ 73

CHAPITRE VI. — Les actes et l'intelligence (*suite*) : Influence du milieu sur la femme. — Éducation et Hérédité 81

CHAPITRE VII. — Les actes et l'intelligence (*suite*) : Le Génie est-il un fruit de l'évolution ?............ 95

CHAPITRE VIII. — PUISSANCE MENTALE ET PUISSANCE GÉNÉRATRICE : Examen des opinions de Sabatier, Fouillé, Lombroso, etc. La fécondité utile à l'espèce. Loi de spécification............................. 121

CHAPITRE IX. — PUISSANCE MENTALE ET PUISSANCE GÉNÉRATRICE (*suite*) : Comparaison de la femme à l'homme. La menstruation et la grossesse. La maternité ferme-t-elle à la femme la haute activité intellectuelle ?............................. 141

CHAPITRE X. — Les Progrès respectifs de l'homme et de la femme sont-ils uniformes ? — Notre civilisation est-elle atteinte d'incurable sénilité ?............. 161

CHAPITRE XI. — LA FEMME LIBRE : Ce qu'il faut entendre par Liberté. — Comment l'Individu humain s'affranchit............................. 173

CHAPITRE XII. — EXAMEN DE QUELQUES OBJECTIONS : L'Émancipation des femmes met-elle en péril la grâce, le goût, la finesse, l'élégance et la beauté qui font le charme de la civilisation ? 187

CHAPITRE XIII. — L'AMOUR : Ce qu'il a été ; ce qu'il est ; ce qu'il doit devenir. — L'Amour doit se spécifier au profit de la raison comme l'acte sexuel s'est spécifié au profit de la vie somatique............. 197

CHAPITRE XIV. — L'AMOUR MORBIDE : Les Aberrations des sens. — Causes sociales et psychologiques. — Les Erreurs de l'égoïsme voluptueux. — La Science et la Vertu. — Les Internats de jeunes gens et de jeunes filles. — Responsabilité de l'État. — L'Éducation psychologique des sexes en Amérique. — Rôle de la femme dans l'Assainissement physique et mental de la race............................. 209

CHAPITRE XV. — L'INDÉPENDANCE DES FEMMES : La Liberté économique. — Le Travail honnête et la Prostitution. — La Femme à l'atelier. — La Femme enceinte. — Examen de la Législation sur le travail des femmes et des enfants............................. 221

CHAPITRE XVI. — L'INDÉPENDANCE DES FEMMES *(Suite)* : Ce qu'il faut penser de la loi accordant à la femme le produit de son propre travail. — L'Affranchissement de toute autorité maritale est-il conciliable avec la famille? — L'Objection de Jules Simon. — La raison et l'entêtement...................... 239

CHAPITRE XVII. — L'ÉMANCIPATION POLITIQUE DES FEMMES : Opinion de Stuart Mill. — Ce qu'est la Politique; ce qu'elle doit devenir. — La société présente n'a aucun intérêt à ce que le droit de suffrage et d'iligilité politique soit conféré immédiatement à *toutes* les femmes. — Le suffrage universel ainsi établi subitement mettrait en péril la *pensée libre*............................... 247

CHAPITRE XVIII. — LA SCIENCE DE L'ÉDUCATION : L'éducation particulière et surtout publique ne repose encore sur aucun principe nettement établi par la science. — Est-il possible de tomber d'accord sur deux ou trois principes très généraux ? — Rôle de la femme dans l'éducation. — Éducation et instruction. — Les transformations de l'école. — Les universités populaires. — Les grandes agglomérations. — L'afflux vers les villes. — L'alcoolisme. — Le militarisme. — L'esprit guerrier. — Il faut plus d'héroïsme pour lutter toute une vie durant contre la misère, que pour se faire tuer sur un champ de bataille.-Réaction contre l'intellectualisme exclusif. 265

CHAPITRE XIX. — LA DIFFÉRENCIATION DES SEXES : Elle est nécessaire au progrès moral et intellectuel, à la santé et au rajeunissement de la race. Il ne peut y avoir entre la femme et l'homme que des équivalences. — L'Égalité, sauf-devant la justice, est une chimère.. 285

CONCLUSIONS 293

Table détaillée des matières........................ 299

BUZANÇAIS (INDRE), IMPRIMERIE DEVERDUN ET JAGUIN